STUDIENBÜCHER SPORT

Bernd Mühlfriedel

Trainingslehre

VERLAG MORITZ DIESTERWEG
Frankfurt am Main · Berlin · München

VERLAG SAUERLÄNDER
Aarau · Frankfurt am Main · Salzburg

CIP-Kurztitelaufnahme der Deutschen Bibliothek

Mühlfriedel, Bernd
Trainingslehre/Bernd Mühlfriedel.
– 1. Aufl. –

Frankfurt am Main, Berlin, München: Diesterweg;
Aarau, Frankfurt am Main, Salzburg: Sauerländer, 1979.

(Studienbücher Sport)
ISBN 3-425-05121-0 (Diesterweg)
ISBN 3-7941-1688-7 (Sauerländer)

Bestellnummern:

Diesterweg
5121

Sauerländer
08 01688

ISBN 3-425-05121-0 (Diesterweg)
ISBN 3-7941-1688-7 (Sauerländer)

1. Auflage 1979

© 1979 Verlag Moritz Diesterweg GmbH & Co., Frankfurt am Main,
und Verlag Sauerländer AG, Aarau
Alle Rechte vorbehalten. Die Vervielfältigung auch einzelner Teile,
Texte oder Bilder – mit Ausnahme der in §§ 53, 54 URG ausdrücklich
genannten Sonderfälle – gestattet das Urheberrecht nur dann, wenn sie
mit dem Verlag vorher vereinbart wurde.

Umschlagentwurf: Hetty Krist-Schulz, Frankfurt am Main
Illustrationen: K. Grindler, Leinfelden
Gesamtherstellung: Brühlsche Universitätsdruckerei, Lahn-Gießen

INHALTSVERZEICHNIS

1	**EINFÜHRUNG**	
2	**ALLGEMEINE GRUNDLAGEN DES SPORTLICHEN TRAININGS**	3
2.1	Hauptaufgaben des sportlichen Trainings	3
2.2	Gesetzmäßigkeiten des sportlichen Trainings	4
2.3	Fragen und Aufgaben	9
3	**DAS KONDITIONSTRAINING**	11
3.1	**Allgemeine Grundlagen**	11
3.2	**Fragen und Aufgaben**	34
3.3	**Das Krafttraining**	36
3.3.1	Allgemeine Grundlagen	36
3.3.2	Der physikalische Bereich	37
3.3.3	Der physiologische Bereich	39
3.3.3.1	Die Gesetzmäßigkeiten zwischen Kraft und Nervmuskelsystem	39
3.3.3.2	Die Beziehungen zwischen Kraft und Körpergewicht	40
3.3.3.3	Die physiologischen Ursachen für die Kraftzunahme	42
3.3.3.4	Biologische Gesetzmäßigkeiten im Krafttraining der Frauen	44
3.3.4	Die Wirkungsformen der Kraft	45
3.3.5	Die Methoden zur Entwicklung von Maximalkraft, Schnellkraft und Kraftausdauer mit entsprechenden Übungsbeispielen	48
3.3.5.1	Die Belastungsmerkmale der Wiederholungsmethode zur Entwicklung von Maximalkraft	50
3.3.5.2	Die Belastungsmerkmale der Intervallmethode zur Entwicklung von Schnellkraft	51
3.3.5.3	Die Belastungsmerkmale der Intervallmethode zur Entwicklung von Kraftausdauer	52
3.3.6	Formen des Krafttrainings	53
3.3.7	Fragen und Aufgaben	55
3.4	**Das Ausdauertraining**	56
3.4.1	Allgemeine Grundlagen	56
3.4.2	Biologische Aspekte im Ausdauertraining	59
3.4.3	Die Methoden des Ausdauertrainings mit entsprechenden Übungsbeispielen	63
3.4.4	Fragen und Aufgaben	70
3.5	**Das Schnelligkeitstraining**	72
3.5.1	Allgemeine Grundlagen	72
3.5.2	Die Methoden des Schnelligkeitstrainings mit entsprechenden Übungsbeispielen	76

3.5.3	Probleme und Verletzungsgefahren im Schnelligkeitstraining	81
3.5.4	Fragen und Aufgaben	83
3.6	**Die Gelenkigkeit**	**85**
3.6.1	Allgemeine Grundlagen	85
3.6.2	Biologische Aspekte der Gelenkigkeit	87
3.6.3	Die Methoden des Gelenkigkeitstrainings mit entsprechenden Übungsbeispielen	88
3.6.4	Fragen und Aufgaben	93
3.7	**Die Gewandtheit**	**95**
3.7.1	Allgemeine Grundlagen	95
3.7.2	Die Methoden des Gewandtheitstrainings mit entsprechenden Übungsbeispielen	96
3.7.3	Probleme im Gewandtheitstraining	98
3.7.4	Fragen und Aufgaben	98
4	**DAS TECHNIKTRAINING**	**100**
4.1	**Allgemeine Grundlagen**	**100**
4.2	**Biologische Grundlagen und Voraussetzungen zum Erlernen einer Technik**	**102**
4.3	**Die Methoden des Techniktrainings mit entsprechenden Übungsbeispielen**	**105**
4.4	**Fragen und Aufgaben**	**116**
5	**DAS TAKTIKTRAINING**	**118**
5.1	**Allgemeine Grundlagen**	**118**
5.2	**Aufgaben der taktischen Ausbildung**	**119**
5.3	**Die methodische Gestaltung des Taktiktrainings am Beispiel des Basketballspiels**	**120**
5.4	**Fragen und Aufgaben**	**124**
6	**SYSTEMATISIERUNG UND PLANUNG DES TRAININGSPROZESSES**	**126**
6.1	**Die Trainingsabschnitte – Ziele und Aufgaben**	**126**
6.1.1	Das Grundlagentraining des Leichtathleten	127
6.1.2	Das Aufbautraining des Leichtathleten	128
6.1.3	Das Hochleistungstraining des Leichtathleten	131
6.1.4	Übersicht über den zeitlichen Verlauf der Trainingsabschnitte	131
6.2	**Periodisierung des Trainings**	**132**
6.2.1	Die sportliche Form – Sinn und Zweck der Periodisierung	132
6.2.2	Die Periodisierung eines Trainingsjahres	134
6.2.2.1	Die Vorbereitungsperiode von Dezember bis März (1. Etappe)	134
6.2.2.2	Die Vorbereitungsperiode von April bis Mai (2. Etappe)	137

6.2.2.3 Die Wettkampfperiode von Juni bis September 138
6.2.2.4 Die Übergangsperiode 140
6.2.3 Aufgaben und Probleme der Periodisierung 141
6.2.4 Fragen und Aufgaben 145

7 PROBLEME DER SPORTLICHEN HÖCHSTLEISTUNG .. 148

7.1 Allgemeine Grundlagen 148
7.2 Die Talentsuche 151
7.3 Besondere Trainingsgrundlagen und Leistungen im Frauensport .. 153
7.4 Fragen und Aufgaben 158

8 SPORT UND GESUNDHEIT 161

8.1 Freizeitsport und Rehabilitation 161
8.2 Doping und Übertraining 164
8.3 Fragen und Aufgaben 172

ANHANG:

Literaturverzeichnis 175
Erklärung der Fachausdrücke 177
Register 179

VORWORT

Seit der „Vereinbarung zur Neugestaltung der gymnasialen Oberstufe in der Sekundarstufe II" vom 7. Juli 1972 der Ständigen Konferenz der Kultusminister der Länder in der Bundesrepublik Deutschland gibt es die Möglichkeit, Leistungskurse zum Sport an den Gymnasien einzurichten, sofern die notwendigen Sportstätten für den Praxisunterricht in der Nähe der Schule vorhanden sind. Der Curriculare Lehrplan für Bayern im Leistungskurs Sport (Bekanntmachung vom 6. 2. 1974) enthält entsprechend den dort aufgeführten Richtlinien verbindliche Lehrinhalte der Allgemeinen Sporttheorie, die sich über die wissenschaftlichen Bereiche der Sportbiologie, der Bewegungslehre, Trainingslehre und Sportsoziologie erstrecken. Die Trainingslehre ist von den anderen Teilfächern, insbesondere der Sportbiologie, nicht zu trennen. Ihr Unterricht erstreckt sich somit über alle 4 Kurshalbjahre, wobei sie im 3. und 4. Kurshalbjahr schwerpunktmäßig im theoretischen Unterricht behandelt wird. Sie hat demzufolge einen hohen Stellenwert in der Vermittlung der Allgemeinen Sporttheorie.

Ich hatte das Glück, an einer der 6 „Pionierschulen" Bayerns zu arbeiten, an denen seit 5 Jahren die ersten unterrichtspraktischen Erfahrungen im Leistungskurs Sport gesammelt werden konnten. Von Anfang an empfanden es dabei nicht nur meine Kollegen und ich, sondern auch vor allem unsere Schüler als äußerst unbefriedigend, daß zur Vermittlung der Allgemeinen Sporttheorie geeignete Unterrichtsbücher fehlten.

Während man in dem einen oder anderen Teilfach die Lücke mittels preiswerter Fachliteratur für den Schüler einigermaßen schließen konnte, gelang das in der Trainingslehre nur sehr unvollkommen. Es mangelte vor allem an entsprechend didaktisch-methodisch aufgebauten Lehrbüchern.

Der Autor hat den Versuch unternommen, eine für den Schüler auf den Curricularen Lehrplan für Bayern abgestimmte didaktisch-methodische Darstellung der Trainingslehre zu konzipieren. Mit Hilfe von themenspezifischen Fragen, Aufgabenstellungen und Referaten soll es dem Kollegiaten ermöglicht werden, die Lerninhalte der Trainingslehre für sich selbst zu bearbeiten, zu ordnen und zu überdenken. Darüber hinaus soll er die Komplexität einzelner trainingswissenschaftlicher

Bereiche sowie ihre Wechselbeziehungen und Verbindungen zu anderen sportwissenschaftlichen Themen erkennen.
Die Bedeutung der Trainingslehre erstreckt sich aber auch auf den sportlichen Alltag. Die Trainingslehre muß so in Verbindung mit der Sportmedizin neben der Verbesserung der sportlichen Leistungsfähigkeit auch die Gesundheit des sporttreibenden Menschen berücksichtigen. Da das Gesundheitsverhalten eine zentrale Stellung im menschlichen Leben einnimmt, ist es auch eine der wichtigsten Aufgaben dieses Buches, junge Menschen zum gesundheitsbewußten sportlichen Üben zu führen.

Erlangen, im Frühjahr 1979
Bernd Mühlfriedel

Allgemeine Hinweise zu den Fragen und Aufgaben

Jedem Kapitel wurde ein mehr oder weniger umfangreicher Fragen- und Aufgabenteil zugeordnet. Einige Fragen wurden den Abiturprüfungsaufgaben vergangener Jahre entnommen. Ihre Beantwortung und Lösung spielt somit bei der Abiturvorbereitung eine nicht unbedeutende Rolle. Auf einen Lösungsschlüssel wurde aus pädagogischen Erwägungen bewußt verzichtet, da wir annehmen, daß die Fragen im Unterricht besprochen werden.

Der Autor ist von der Überlegung ausgegangen, einen Querschnitt bestimmter Fragentypen wie folgt anzubieten:
– Grundlagen- und Vertiefungsfragen zur Trainingslehre
– Grundlagen sowie Vertiefungsfragen zur Sportbiologie und zu anderen Teilfächern des LK-Sports (fächerübergreifende Fragen)
– Praxisbezogene Aufgaben
– Referate

Darüber hinaus soll der Leser durch entsprechende Literaturhinweise in der Lage sein, sein Wissen zu erweitern und selbst Aufgabenstellungen und Referatthemen zu konzipieren, sowie Anregungen zu Facharbeitsthemen zu gewinnen.

Viele Themenbereiche und Probleme der Trainingslehre sind mit der Sportbiologie eng verbunden. Da sich ein Buch über spezielle Themen der Sportbiologie in Vorbereitung befindet, soll hier nicht auf entsprechende Einzelheiten zur Sportbiologie ausführlich eingegangen, sondern insbesondere durch den Fragen- und Aufgabenteil eine Vertiefung bzw. Wiederholung der sportbiologischen Grundlagen angestrebt werden.

1 EINFÜHRUNG

In den meisten Sportarten haben wir in den letzten Jahren einen gewaltigen Leistungsaufschwung beobachten können. Vordergründig beruhen die Leistungsverbesserungen auf neuen, veränderten *Bewegungstechniken*. Beim Schwimmen z. B. hat der Armzug gegenüber dem Beinschlag eine vorrangige Bedeutung erhalten. Beim Kugelstoßen hat man mit der Rückstoßtechnik des Amerikaners O'BRIEN den Beschleunigungsweg der Kugel verlängern können. Untersuchungen an untrainierten und trainierten Sprintern haben schließlich ergeben, daß die Leistungsverbesserung der Weltklasse-Sprinter vornehmlich durch eine Verlängerung der Laufschritte zustande kam, also in einer Änderung der Lauftechnik ihre Ursache hatte.

Neben veränderten Bewegungstechniken spielen aber auch Verbesserungen der *Trainingsmittel* (Geräte, Übungsstätten) eine gewisse Rolle. Denken wir z. B. beim Stabhochsprung an den Glasfiberstab oder an die verschiedenen Kunststoffbeläge (z. B. Tartan) der Laufbahnen, oder an die speziellen Verbesserungen der Sportschuhe, die fast jeder Sportart bzw. Sportdisziplin angepaßt wurden.

In den meisten Fällen sind es aber nicht primär die Verbesserungen der Bewegungstechniken und des Sport-Materials, die zur Leistungsssteigerung führten, sondern die Optimierung von *Trainingsmaßnahmen,* d.h. die Verbesserung der Trainingsmethoden und der Trainingsplanung. So sind Trainingsformen angewandt worden, mit denen es gelungen ist, im Organismus Reservekräfte zu mobilisieren. Vor allem Kraft, Schnelligkeit und Ausdauer als grundlegende motorische Eigenschaften eines Sportlers konnten erhöht werden. Das Ausmaß der Leistungssteigerung ist dabei weitgehend von der Intensität und dem Rhythmus, also den regelmäßig sich wiederholenden Reizen im Training abhängig. Der Sportler unterwirft sich einer planmäßigen Vorbereitung. Er nimmt unter Einhaltung eines bestimmten Zeit-Systems (Periodisierung des Trainings) dosierte körperliche Belastungen auf sich, um damit entscheidende Leistungskomponenten zu verbessern.

Sportliches Training ist das planmäßige Üben unter trainingswissenschaftlichen Bedingungen, mit dem Ziel, die sportliche Leistung zu steigern.

Die Vervollkommnung des Sportlers im sportlichen Training vollzieht sich in verschiedenen Formen und unterschiedlichen Mitteln. Als Hauptformen kennen wir die physische Belastung durch Körperübungen, die theoretische Unterweisung in Technik, Taktik und Trainingsmethodik, und die Entwicklung intellektueller Fähigkeiten, z. B. durch Exkursionen zu Wettkämpfen, Wettkampfbeobachtungen mit anschließender Diskussion. Außerhalb des Trainings tragen Theater-, Konzert- und Filmbesuche, selbständiges Arbeiten mit Lehrbüchern, Vorträge und Referate durch ihren bildenden und erzieherischen Gehalt zur Formung der Persönlichkeit bei.

Beim Training handelt es sich also um einen komplexen körperlichen und geistigen Prozeß, der von Kondition, Technik, Taktik, aber auch von Motivation und ihren Beziehungen zu sportlicher Begabung, sowie von intellektuellen Fähigkeiten bestimmt wird.

2 ALLGEMEINE GRUNDLAGEN DES SPORTLICHEN TRAININGS

Die Trainingslehre befaßt sich mit der zusammenfassenden und geordneten Darstellung aller Prinzipien, Erkenntnisse und Methoden im sportlichen Training. Sie stützt sich dabei auf die Erfahrungen der Sportpraxis und die Ergebnisse wissenschaftlicher Untersuchungen vornehmlich der Forschungsgebiete, Sportmedizin, Biochemie, Sportpädagogik, Sportpsychologie, Soziologie, Biomechanik und Bewegungslehre.

2.1 Hauptaufgaben des sportlichen Trainings

Für den Trainingsprozeß ergeben sich im wesentlichen vier einzelne Aufgaben, die aber komplex betrachtet und gelöst werden müssen.
1. *Die körperliche Vorbereitung:* Es sollen die physischen Fähigkeiten, vor allem Kraft, Ausdauer, Schnelligkeit, Gelenkigkeit und Gewandtheit (Kondition) entwickelt werden. Als Grundlage dafür sind eine stabile Gesundheit und eine hohe allgemeine physische Leistungsfähigkeit von Bedeutung.
2. *Die technische und taktische Vorbereitung:* Eine rationale Technik sichert den ökonomischen und optimalen Einsatz der physischen Fähigkeiten. In der sporttechnischen Vorbereitung erlernt der Sportler spezielle Techniken und festigt sie unter wettkampfspezifischen Bedingungen. Körperliche und technische Ausbildung sind ständig miteinander zu koordinieren. Eine untrennbare Einheit bilden auch die technische und taktische Vorbereitung, wobei die technischen Fertigkeiten die Grundlage für taktische Handlungsweisen bilden.
3. *Die intellektuelle Vorbereitung:* Trotz des heute umfangreichen Trainerapparates muß der Sportler, um Weltklasseformat zu erreichen, ein hohes Maß an Selbständigkeit und Denkvermögen bereits im Training einsetzen können. Darüber hinaus muß er im Wettkampf taktische Konzeptionen schöpferisch realisieren können, d.h. er muß variabel sein. Er soll bei der weiteren Entwicklung sportlicher Techniken mitwirken und sein Training auswerten können. Die geistige Bildung und Erziehung ist daher ein wesentlicher Bestandteil des Trainings.

4. *Die Erziehung:* Im Erziehungsprozeß kommt es vor allem auf die Entwicklung der Leistungsbereitschaft (Willenseigenschaften) und der Disziplin an. Selbstverständlich dürfen auch sportliche Fairneß und Kameradschaft im Erziehungsauftrag nicht fehlen. Eine besondere, oft unterschätzte Schlüsselstellung nimmt bei diesen erzieherischen Aufgaben die Zusammenarbeit des Trainers mit anderen Erziehungsträgern, z. B. Elternhaus, Betrieb, Schule und Universität, ein. Leider gibt es hier noch sehr viele Probleme, weil bis heute ausreichend fundierte soziologische und sportpädagogische Untersuchungen fehlen.

2.2 Gesetzmäßigkeiten des sportlichen Trainings

Eingangs wurde schon erwähnt, daß dem sprunghaften Anstieg der Leistungskurve fast aller Sportarten eine Verbesserung der Trainingsmethodik und Trainingsplanung zugrunde liegt. Es müssen deshalb Trainingsformen gefunden werden, die im Organismus Reservekräfte mobilisieren können. Jeder Mensch hat individuell vorgegebene, vererbte Reserven zur Verfügung. Es kommt darauf an, diese potentiellen Kräfte im Trainingsprozeß anzusprechen und freizusetzen. Die Vermehrung dieser Kräfte unterliegt bestimmten biologischen Gesetzmäßigkeiten, ohne deren Kenntnisse heute kein Trainingserfolg mehr denkbar ist (s. Abb. 1).

Roux und Lange haben sich als erste mit der Frage des Adaptationsphänomens beschäftigt und geeignete Definitionen gegeben:

„Die stärkere Funktion ändert die qualitative Beschaffenheit der Organe, indem sie die spezifische Leistungsfähigkeit derselben erhöht" (Roux; 1881).

Er bringt damit zum Ausdruck, daß Anpassung an Belastung nur durch entsprechend dosierte Reize möglich ist. Nur durch genügend starke Bewegungsreize können Struktur und Funktion der Organsysteme optimal ausgeprägt werden. Die Art des Reizes ist also für die Reizantwort von Bedeutung.

Lange konnte dazu 1917 am Beispiel der Muskulatur experimentelle und empirische Studien erbringen. Er schrieb damals:

„Der Reiz für das Dickenwachstum des arbeitenden Muskels wird, wie ich in wesentlichen Übereinstimmungen mit Roux *annehme, dargestellt durch die erhöhte Spannung seiner Fasern bzw. durch die zur Erreichung dieser Spannung erforderlichen inneren Vorgänge. Nur wenn die Mehrarbeit so beschaffen ist, daß dieser Spannungsreiz über eine gewisse Schwelle hinausgeht, kommt es zur Hypertrophie. Derjenige Reiz hingegen, der die*

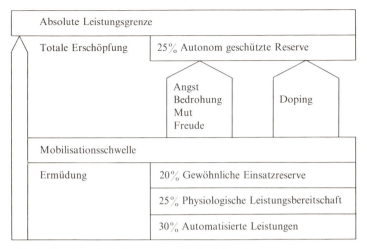

Abb. 1: Einteilung der Leistungskapazität des Menschen

Anpassung an längere Arbeit veranlaßt, ist zu suchen teils in der Ansammlung von Ermüdungsstoffen, teils in der Erschöpfung der die Kraft erzeugenden Vorräte im Muskel."

Auf einen einfachen Nenner gebracht, bedeutet das, daß ein Muskel auf Spannungsreize mit Hypertrophie (Dickenwachstum) reagiert, während er auf Dauerbelastung mit Veränderung des Stoffwechselgeschehens antwortet.

Aufgrund zahlreicher Experimente und Forschungsarbeiten vor allem auf dem Gebiet der Ökologie wissen wir, daß folgende Gesetzmäßigkeiten heute allgemein gültig sind: Jeder Organismus steht in einer dauernden Wechselbeziehung zu seiner Umwelt. Ändert sich ein Umweltfaktor und wirkt als Reiz auf ihn ein, so muß er versuchen, sich den neuen Gegebenheiten anzupassen, um einen ungestörten Ablauf aller Lebensvorgänge zu gewährleisten. Im Organismus wird durch das Einwirken von Umweltreizen ständig Substanz ab-, um- und neu aufgebaut.

Die Haut des Menschen zum Beispiel wird bei starker Beanspruchung fester und dicker. Es bildet sich eine Hornhaut. Diese kompensatorische Anpassung beobachten wir nicht nur bei Menschen, die beruflich vorwiegend handwerklich tätig sind, sondern auch bei Leistungssportlern (z. B. Ruderern). Auch bei Hautverletzungen stellen wir durch Regeneration einen Neuaufbau fest. Wird die Haut dagegen nur wenig

2.2 Gesetzmäßigkeiten des sportlichen Trainings

durch Umweltreize (Bewegungsreize) beansprucht, fühlt sie sich feiner und weicher an. Wir erkennen also einen Substanzabbau. Daß diese biologischen Gesetzmäßigkeiten für alle Gewebe des menschlichen Organismus zutreffen, verdeutlicht ein anderes Beispiel. Wird nach einem Beinbruch die Extremität für längere Zeit durch Eingipsen ruhig gestellt, so zeigt sowohl das Hauptgewebe, wie auch alle anderen betroffenen Gewebe (Muskel-, Knochen-, Knorpel-, Fett- und Bindegewebe) Degenerationserscheinungen. Ein wenig beanspruchter Organismus hat daher auch eine geringere Leistungsbreite als ein stark beanspruchter.

Im sportlichen Training kommt es nun darauf an, die richtige Dosierung der Bewegungsreize zu finden, um eine bestimmte Leistungsfähigkeit zu halten bzw. zu erhöhen. Eine Hilfe zur Festlegung einer adäquaten Reizdosierung bietet die *Reizstufenregel*[1]:

1. Ohne Reiz gibt es keine Funktion (Lebenstätigkeit).
2. Eine Funktion entsteht erst, wenn eine gewisse Reizstärke (Reizschwelle) überschritten wird. Unterschwellige Reize bleiben wirkungslos (Alles-oder-Nichts-Gesetz).
3. Schwache Reize, die über der Reizschwelle liegen, wirken auf die Lebenstätigkeit anregend und erhalten sie.
4. Starke Reize lösen bestimmte anatomische und physiologische Anpassungsvorgänge aus.
5. Zu starke Reize lähmen oder schädigen die Funktion.

Reizbarkeit und Reizbeantwortung sind nicht bei jedem Menschen gleich groß. Sie hängen vor allem von äußeren bzw. inneren *Lebensbedingungen,* dem *Geschlecht* und *Alter* ab. Sie wechseln im Laufe eines Tages.

Von ganz besonderer Bedeutung sind deshalb die Bewegungsreize für den wachsenden Organismus, bei dem sie zur optimalen, strukturellen und funktionellen Ausbildung der Organanlage unbedingt erforderlich sind.

Je höher der Funktionszustand eines Organs ist, desto größer ist die erforderliche Reizintensität, die zur Aufrechterhaltung des Funktionszustandes erforderlich wird.

---

[1] Sie entspricht der sog. SCHULTZ-ARNDTschen Regel. Baum wies nach, daß diese beiden Männer (ARNDT war Psychiater, 1853–1932, SCHULTZ war Pharmakologe, 1935–1900) diese Regel gar nicht aufstellten (Sportarzt und Sportmedizin, Nr. 9, 10, 11/1963).

Nehmen wir z. B. das durch Dilatation und vermehrte Kapillarisierung hochangepaßte Herz eines Langstreckenläufers, so sind für die Aufrechterhaltung dieses erhöhten Funktionszustandes wesentlich stärkere Reize notwendig, als beim normal entwickelten Zustand dieses Organs.

Soll das Gleichgewicht eines best. Funktionszustandes zu dem Zweck einer weiteren Steigerung der Leistungsfähigkeit aufgehoben werden, so sind noch stärkere Reize notwendig. Nach gewisser Zeit baut sich dann auch hier wieder ein Gleichgewichtszustand auf.

Was bedeuten diese Gesetzmäßigkeiten für die Trainingspraxis?

Der Trainer wie auch der Athlet selbst muß sich immer darüber im Klaren sein, daß der Körper sich durch die Anpassugnsvorgänge vor Überanstrengungen schützen will. Das heißt, wir müssen bei der Festsetzung der Art und Intensität der Trainingsreize *(Trainingsqualität)* dem Leistungszustand des Organismus Rechnung tragen.

Spezielles Training hat spezielle Wirkungen auf den Organismus. Ein Lauf-Training hat andere Wirkungen als ein Schwimm- oder ein Geräteturntraining. Wenn überschwellig in anderer Richtung trainiert wird, kann die spezielle Anpassung und die damit verbundene spezielle Leistungssteigerung gestört werden. Bei einem Läufer, der viel schwimmt oder turnt, können durch überschwellige Quantität dieser nicht speziellen Leistungsformen zusätzliche Trainingswirkungen mit z. T. entgegengesetzter Wirkung ausgelöst werden. Die spezielle Anpassung wird dadurch gestört und die spezielle Leistung reduziert. Ein vollkommen einseitiges Trainingsprogramm kann aber heute nicht mehr durchgeführt werden, wenn man mit dem Leistungsniveau der Weltklasse Schritt halten will. Es kommt also darauf an, eine ausgewogene Mischung einzelner Trainingskomponenten zu erzielen. Man spricht dann vom *komplexen Training.* Sprinter führen z. B. ein spezielles Krafttraining und ein spezielles Ausdauertraining mit gegensätzlichen Wirkungen durch. Der Organismus wird dadurch veranlaßt, sich an die beiden Trainingskomponenten Kraft und Ausdauer morphologisch und physiologisch anzupassen. Bei akzentuierter Mischung beider Komponenten kann eine durchaus optimale Sprintleistung resultieren.

Wir sehen an diesem Beispiel, daß neben der Intensität und der Qualität der Trainingsreize, auch die Trainingshäufigkeit und die Trainingsdauer *(Trainingsquantität)* für den Erfolg des Trainings entscheidend maßgebend sind. Eine Leistungssteigerung ist nur dann gewährleistet, wenn die Wirkung des vorangegangenen Trainingsreizes noch nicht völlig abgeklungen ist bevor der nächste erfolgt. Dabei sollten wir beachten, daß die

Ausbildung von Anpassungsvorgängen im Organismus eine bestimmte Zeit dauert. Deshalb ist es sinnvoll, die hohen Trainingsanforderungen, die heute an einen Leistungssportler gestellt werden, erst nach langsamer Steigerung der Trainingsreize und nach entsprechend langer Vorbereitung abzuverlangen.
Nach Nöcker können wir die Wirkung des Trainings auf die Leistungsfähigkeit bei einem Untrainierten folgendermaßen graphisch darstellen:

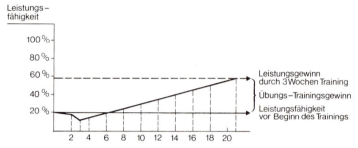

Abb. 2: Trainingsentwicklung auf die Leistungsfähigkeit

Die Kurve gibt den jeweiligen Stand der Leistungsfähigkeit an. Durch die Ermüdungserscheinungen, die von einem sog. Muskelkater begleitet werden, kommt es am dritten Tag zu einer vorübergehenden Leistungsminderung, die sich in der Erholungsphase wieder ausgleicht. Am fünften Tag ist das Ausgangsniveau wieder erreicht und von diesem Zeitpunkt ab beobachten wir eine kontinuierliche Leistungssteigerung. Wir sehen aus der Graphik, daß es wegen des Leistungsabfalles im kritischen Stadium also zwischen dem 3. und 6. Tag aus physiologischen Gründen wenig Sinn hätte, die Trainingshäufigkeit und Intensität zu erhöhen. Ein kurzzeitiger Trainingsabbruch wäre zu diesem Zeitpunkt ebenso unvorteilhaft. Vielmehr kommt es darauf an, die Trainingsbelastungen hier stetig weiterzuführen und dabei die Intensität langsam zu steigern.

Zusammenfassung:

Der Trainingserfolg ist abhängig von dem Einsatz der Faktoren: Trainingsqualität und Trainigsquantität.
Die gezielte, harmonische Verflechtung dieser Faktoren mit dem Abzielen auf ein bestimmtes Leistungsniveau garantiert unter Berücksichtigung der Individualität des Organismus einen sehr guten Trai-

ningserfolg. Dabei ist es vor allem entscheidend, die verfügbaren Reservekräfte zur Geltung zu bringen. Dieser Mobilisierung der letzten Kraftreserven liegen biologische Gesetzmäßigkeiten zugrunde (physiologische und morphologische Grundgesetze von ROUX und LANGE und die Reizstufenregel).

2.3 Fragen und Aufgaben

1. Auf welchen Grundgesetzen der Anpassung basiert sportliches Training?
   Erläutern Sie diese Gesetzmäßigkeiten!
2. Welche Aussagen enthält die Reizstufenregel? Welche Bedeutung haben sie für die (Sport) Trainingspraxis?
3. Erklären Sie den Begriff „Komplexes Training" an einem Beispiel aus der Sportpraxis!
4. Charakterisieren Sie die Hauptaufgaben des sportlichen Trainings.
5. Erläutern Sie die Begriffe Trainingsqualität und -quantität an je einem Beispiel aus der Sportpraxis.
6. Der Organismus hat die Fähigkeit, sich verschiedenartigen Lebensbedingungen anzupassen. Durch die Anpassung setzt sich der Organismus in das Gleichgewicht mit den auf ihn wirkenden äußeren Reizen und mit den von ihm geforderten Leistungen. Mangelhafte Reizsetzung (vor allem Mangel an Bewegung), aber auch starkes sportliches Training rufen zahlreiche Veränderungen in Körper, Gewebe und Organfunktion hervor, die man Anpassungserscheinungen nennt.
   a) Mit welchen Trainingsmethoden können die positiven Anpassungserscheinungen verbessert werden?
   b) Charakterisieren Sie kurz diese Methoden!
   c) Welche allgemein methodischen Grundsätze muß der Trainer bei seiner erzieherischen, anleitenden und richtungsgebenden Tätigkeit darüber hinaus berücksichtigen?
7. In den vergangenen 20 Jahren haben wir in den meisten Sportarten einen beachtlichen Leistungsaufschwung beobachten können. Welche Ursachen liegen dieser Entwicklung zugrunde? Berücksichtigen Sie bei Ihrer Darstellung einige geeignete Beispiele.
8. Überlegen Sie noch andere Beispiele aus dem Bereich der Bewegungstechniken und des Sportmaterials, die zu einer Leistungsverbesserung in den letzten Jahren geführt haben.

9. Die zentrale Ermüdung ist ein wichtiger Schutzmechanismus. Wie ist es biologisch zu erklären, daß dieser Schutzmechanismus z. B. im sportlichen Wettkampf durchbrochen wird, so daß letzte körperliche Reserven mobilisiert werden?
   An welchen Symptomen erkennen Trainer und Aktive Ermüdungserscheinungen?
10. Beschreiben Sie die bei einem 100-m-Start ablaufenden Reaktionen anhand des Reiz-Reaktions-Schemas.
11. Multiple-Choice-Test:
    Der adäquate Reiz ist definiert als:
    a) diejenige Reizart, auf die ein Rezeptor reagiert
    b) die Reizform, auf die ein Rezeptor optimal reagiert
    c) die Reizform, die im Rezeptor die rezeptorspezifische Empfindung auslöst.
12. Multiple-Choice-Test:
    In welcher Weise wird ein eintreffender Reiz im Rezeptor verarbeitet?
    a) entsprechend der Reizfrequenz entsteht im ableitenden Axon eine Folge von Aktionspotentialen
    b) die Rezeptorzelle setzt die Amplitude des durch den Reiz ausgelösten Rezeptorpotentials in eine Impulsfrequenz im ableitenden Axon um
    c) Das durch den Reiz bedingte Rezeptorpotential bewirkt eine Änderung des chemischen Zellmilieus, wodurch die zentrale Empfindung entsteht.
13. Interpretieren Sie den Kurvenverlauf der Abb. 2.
14. Referieren Sie exemplarisch über Trainingsmaßnahmen und Trainingsmethoden, die unsere heutige progressive Leistungssteigerung bewirkt haben.

Weiterführende Literatur:
   Hollmann, W. (Hrsg.): Zentrale Themen der Sportmedizin, Berlin, 1972. – Mellerowicz/Meller: Training, Berlin, 1975. – Nöcker, J.: Die biologischen Grundlagen der Leistungssteigerung durch Training. Schorndorf, 1971.– Prokop, L.: Einführung in die Sportmedizin, Stuttgart, 1976. – Stegemann, J.: Leistungsphysiologie, Stuttgart, 1971.

3 DAS KONDITIONSTRAINING

3.1 Allgemeine Grundlagen

Das sportliche Training läßt sich grundsätzlich in drei Bereiche einteilen:
1. Konditionstraining
2. Techniktraining
3. Taktiktraining

Jede Verbesserung der Technik setzt ein gewisses Maß an Kondition voraus. Die Anwendung taktischer Maßnahmen erfordert die Beherrschung der Technik. Im folgenden wollen wir zunächst die wesentlichen Prinzipien des Konditionstrainings erläutern.

„Kondition ist ein von physischen und psychischen Faktoren gekennzeichneter Zustand körperlicher Leistungsfähigkeit[1]".

Diese Definition erscheint uns im ersten Augenblick ein wenig abstrakt. Die Praxis verdeutlicht uns manchmal mit negativen Vorzeichen, was hiermit gemeint ist. Jeder, der eine Sportart ausübt, hat bei sich selbst bestimmt schon festgestellt, daß sich mit zunehmender Übungsdauer technische Fehler einschleichen, nicht etwa weil die Technik nicht beherrscht würde, sondern weil die Kondition und das heißt eben auch die Konzentration nachließ. Das folgende Schema zeigt einen Überblick über körperliche und psychische Faktoren, die durch das Konditionstraining gefördert werden (s. Abb. 3).

Die Verbesserung der Kondition kann nur durch entsprechendes Training erfolgen. Wir unterscheiden zwei Formen des Konditionstrainings:

Allgemeines Konditionstraining
Spezielles Konditionstraining

Das *Allgemeine Konditionstraining* strebt eine annähernd gleichmäßige Entwicklung aller konditionellen Fähigkeiten des Sportlers an. Es ist als Trainingsart der Zielsetzung des Schulsportunterrichts angemessen. Im Wettkampftraining hat es Ausgleichsfunktionen und wird deshalb auch häufig in der Übergangsperiode praktiziert.

---

[1] Kirsch/Schmidt: Das sportliche Training, in Koch, K. (Hrsg.) Sportkunde, Schorndorf, S. 236 (1973).

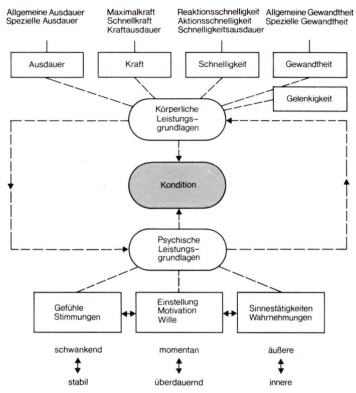

Abb. 3: Übersicht über die Einwirkung der körperlichen und psychischen Leistungsgrundlagen auf die Kondition (nach BAUMANN und ZIESCHANG, 1976).

Das *Spezielle Konditionstraining* ist darauf ausgerichtet, leistungsentscheidende konditionelle Fähigkeiten einer bestimmten Sportart optimal zu entwickeln (z. B. die spezielle Schnelligkeit im Sprint oder die spezielle Ausdauer im 10000-m-Lauf). Es wird immer in der Wettkampfübung oder in Spezialübungen eingesetzt.
Wie kann der Aktive seine Kondition verbessern?
Als Organisationsform bietet sich sowohl für das Allgemeine Konditionstraining, als auch für das Spezielle Konditionsttraining das *Circuittraining* an. Es wurde im Jahre 1953 in England entwickelt und 1960 etwas modifiziert als Zirkeltraining bzw. Kreistraining in

Deutschland für den Leistungs- und Breitensport eingeführt. Die Übungen sollen nach Möglichkeit so angeordnet sein, daß sie eine häufig wechselnde Beanspruchung der Körpermuskulatur erzielen. Es muß ein harmonischer Wechsel von Arm-, Schulter-, Bein-, Rücken- und Bauchmuskel-Übungen stattfinden. Dadurch wird erreicht, daß die Ermüdung des Organismus relativ spät auftritt. Darüber hinaus richtet sich das Zirkeltraining jeweils nach Leistungsfähigkeit, Motivation, Anzahl und Alter der Teilnehmer. Bei der Durchführung sind die Serien und Pausen zeitlich festzulegen. In den Pausen werden die Stationen des Zirkels von den Teilnehmern gewechselt. Der Trainer oder Sportlehrer signalisiert Beginn und Ende der Belastung. Für Untrainierte sind kurze Belastungs- und Pausenzeiten zu wählen (z. B. 20 Sekunden Belastung — 60 Sekunden Pause). Bei leistungsstarken Gruppen kann ein umgekehrtes Verhältnis gesucht werden.

Folgende Prinzipien erleichtern die Durchführung eines Zirkeltrainings[1]:

a) Unkomplizierter Aufbau der Stationen.
b) Verwendung einfacher Übungsformen und bekannter Geräte.
c) Einzel- oder Gruppendurchführung; die Gruppen sollen dabei zahlenmäßig gleich stark sein.
d) Vor der Durchführung des Zirkels sind alle Übungen an den Stationen zu erklären und vorzumachen.
e) Alle Übungsformen sind so zu wählen, daß sie auch unter Zeitdruck gefahrlos und optimal ausgeführt werden können.
f) In den Belastungspausen sollen Lockerungsübungen eingebaut werden.

Das Zirkeltraining eignet sich nicht nur zur Verbesserung und Schulung der Kondition, sondern kann auch als Leistungskontrolle für den Ausprägungsgrad der motorischen Eigenschaften Kraft, Ausdauer, Schnelligkeit, Gelenkigkeit und Gewandtheit dienen. Im 2. Fall sprechen wir die *Fitness-Tests* an. Im volkstümlichen Sprachgebrauch beginnt heute der Begriff Fitsein und Fitness den Ausdruck Kondition zu verdrängen. Kondition und Fitness sind aber keine synonymen Begriffe. Die Fitness umfaßt außer der motorischen Optimierung noch andere Persönlichkeitsdimensionen des Menschen wie Gesundheit, Tüchtigkeit und Eignung.

---

[1] BAUMANN, ZIESCHANG: Handbuch der Sportpraxis, München (1976).

Trainingsinhalte (Übungsbeispiele):

Im folgenden wollen wir drei Beispiele aus der Sportpraxis vorstellen. Das erste Beispiel zeigt uns eine Möglichkeit der Verbesserung bzw. Schulung der Allgemeinen Kondition. Im zweiten Beispiel handelt es sich um den Fitness-Test, der von den Schülern der Oberstufe bayrischer Gymnasien als Leistungskontrolle verpflichtend zu absolvieren ist. Im dritten Beispiel stellen wir ein differenziertes Konditionstraining speziell für den Schwimmsport dar.

1. Schulung der Allgemeinen Kondition

Station 1: Medizinball hochstoßen (Armstoß-Kraft)

Station 2: Auf Kasten steigen, gestreckter Stand, Beinwechsel (Beinkraft)

Station 3: Rückenlage, Füße unter Sprossenwand, Rumpfbeugen vorwärts mit Medizinball im Nacken (Bauchmuskeln)

Station 4: Klimmziehen an der Sprossenwand (Armzugkraft)

Station 5: Über einen Kastenteil springen, durch den zweiten kriechen und genauso zurück (Gewandtheit)

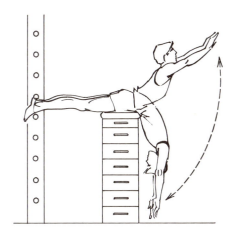

Station 6: Bauchlage auf dem Kasten, Füße an der Sprossenwand (Rückenmuskeln)

Station 7: Springen über die Langbank von einer Seite zur anderen (Sprungkraft)

Station 8: Strecksitz: Beinkreisen mit Medizinball zwischen den Füßen (Bauchmuskeln, Gelenkigkeit)

2. Der Fitness-Test

(für Teilnehmer und Teilnehmerinnen am LK-Sport, Bayern)

Übung 1 (Kraft der Schulter-, Brust- und Armmuskulatur, Beweglichkeit)

Aufgabe: Bauchlage neben einem Kastenoberteil (langgestellt, 25 cm hoch): Händeklatschen am Rücken – Aufrichten zum Liegestütz – Liegestützgehen seitwärts über das Kastenoberteil – Bauchlage neben dem Kastenoberteil – usw.

Hinweise: Das Überqueren des Kastenoberteils kann mit oder ohne Berühren durch Hände und Füße erfolgen. Die Kastenhöhe ist verbindlich.

Wertung: Bauchlage mit Händeklatschen = 1 Punkt. Das Startklatschen zählt nicht.

Übung 2 (Kraft der Bauchmuskulatur, Schnelligkeit)

Aufgabe: Rückenlage auf einer Matte vor einer Sprossenwand mit fixierten Armen (Hände greifen die unterste Sprosse): Heben und Senken der Beine zwischen Boden und Sprossenwand.

Hinweise: Arme und Beine dürfen gebeugt werden. Sprossenmarkierung: 4. Sprosse von unten (60 cm).

Wertung: Jeder Anschlag an der Markierung oder unter der markierten Sprosse = 1 Punkt.

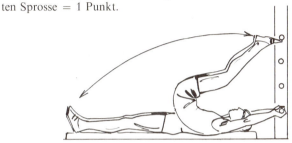

Übung 3 (Fuß-, Bein- und Organkraft, Koordination, Ausdauer)

Aufgabe: Zwei Langbänke (quergestellt, 1 m Abstand). Überspringen der beiden Bänke in Schlußsprüngen mit halber Drehung während des zweiten Sprunges.

Hinweise: Auf exakte Ausführung des beidbeinigen Absprunges ist zu achten. Die halbe Drehung kann während des zweiten Sprungs oder nach der beidbeinigen Landung erfolgen.

Wertung: Ein Durchgang (2 Schlußsprünge über beide Bänke) = 1 Punkt.

3.1 Allgemeine Grundlagen

Übung 4 (Rückenmuskulatur)

Aufgabe: Bauchlage auf einer Matte (Abstand von der Wand: 1 m); ein Medizinball (Männer: 3 kg, Frauen: 2 kg) wird ohne Aufstützen der Ellbogen beidhängig an die Wand geworfen.

Hinweise: Durch eine an der Wand stehende Langbank wird die Wurfhöhe festgelegt. Die Schultern des Werfers liegen in Höhe der Mattenkante. Vor jedem neuen Wurf muß der Ball den Boden berührt haben.

Wertung: Jede Wandberührung des Balles = 1 Punkt.

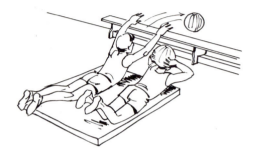

Übung 5 Gewandtheit und Geschicklichkeit)

Aufgabe: Führen eines Basketballes (Wettspielball) mit den Händen in Form einer Acht um die gegrätschten Beine. Der Ball darf dabei den Boden nicht berühren.

Hinweise: Geht der Ball verloren, kann die Übung nach der Ballaufnahme fortgesetzt werden; die Uhr läuft dabei weiter.

Wertung: Ein voller Umlauf = 1 Punkt.

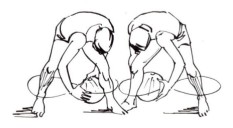

Übung 6 (Organkraft, Schnelligkeit, Ausdauer)

Aufgabe: Fortlaufende Sprints über 9 m (Volleyballfeld) mit jeweils beidhändiger Berührung des Bodens hinter den Markierungslinien.

Hinweise: Die Übung beginnt mit Hochstart hinter einer Markierungslinie.

Wertung: Jede Berührung des Bodens mit beiden Händen = 2 Punkte.

Durchführung und Bewertung:

1. Die Belastungsdosierung: männl.: Belastungszeit 40 s, weibl.: 30 s
   männl.: Erholungszeit 60 s, weibl.: 60 s
2. Die Übungen müssen in der vorgeschriebenen Reihenfolge und Form durchgeführt werden.
3. Die in den Kurshalbjahren erzielten Ergebnisse werden in Fitness-Testkarten festgehalten (Abb. 4).
4. Umrechnung der erreichten Gesamtpunktzahl in Noten bzw. Punkten (s. S. 23).
5. Überprüfung der Pulsfrequenz
   Hinweise:
   Ein ausreichender Trainingsreiz ist dann gegeben, wenn die Pulsfrequenz nach einer Belastungsdauer von mehr als 3–5 Min. über 130 Schläge pro Min. angestiegen ist.

Fitness-Testkarte		Schule:			
Name: Vorname: geb.:		Bemerkungen:			
Datum des Tests:		1. StH:	2. StH:	3. StH:	4. StH:
Dauer	Belastung	Sek.	Sek.	Sek.	Sek.
	Pause	Sek.	Sek.	Sek.	Sek.
Übung 1		Pkt.	Pkt.	Pkt.	Pkt.
Übung 2		Pkt.	Pkt.	Pkt.	Pkt.
Übung 3		Pkt.	Pkt.	Pkt.	Pkt.
Übung 4		Pkt.	Pkt.	Pkt.	Pkt.
Übung 5		Pkt.	Pkt.	Pkt.	Pkt.
Übung 6		Pkt.	Pkt.	Pkt.	Pkt.
	Gesamt: Note:	Pkt.	Pkt.	Pkt.	Pkt.

Puls-
frequenz
{ vor Belastung:
unmittelbar nach Belastung:
1 Min. nach Belastung:
3 Min. nach der Belastung:
5 Min. nach der Belastung:

Abb. 4: Fitness-Testkarte

Der gesunde jugendliche Sportler verträgt Belastungen mit bis zu 200 Pulsschlägen pro Minute und darüber. Vorsicht ist bei hohem Puls ohne große Anstrengungen geboten. Hier muß ein Arzt konsultiert werden.
Für Untrainierte gibt es bei Dauerbelastungen folgende vereinfachte Regel:
„180 Pulsschläge minus Lebensalter (in Jahren) = angemessene Belastungsintensität".

Schüler			Schülerinnen		
Ergebnis Punkte	Note	Kollegstufen-Punkte	Ergebnis Punkte	Note	Kollegstufen-Punkte
170		15	135		15
165	1	14	130	1	14
160		13	125		13
156		12	121		12
153	2	11	118	2	11
150		10	115		10
145		9	110		9
140	3	8	105	3	8
135		7	100		7
130		6	95		6
125	4	5	90	4	5
120		4	85		4
115		3	80		3
110	5	2	75	5	2
105		1	70		1
unter 105	6	0	unter 70	6	0

Punktergebnisse der Fitness-Tests

Diese Regel ist aber nur bedingt anwendbar. Auf jeden Fall sollte vor Dauerbelastungen eine sportärztliche Untersuchung stattfinden. Wenn der Puls bei wiederholter Belastung nach ca. 5–7 Min. nicht mehr auf 120 Schläge pro Minute absinkt, muß das Training unterbrochen werden. Eine erneute Belastung bringt dann keinen positiven Trainingseffekt mehr, sondern kann im Gegenteil der sportlichen Form des Athleten schaden.

Diskussion:

Dieser Fitness-Test soll versuchen, Kraft, Ausdauer, Schnelligkeit und die Komponenten Beweglichkeit, Gewandtheit möglichst umfassend zu messen. Er wird seit etwa 5 Jahren in der Schulpraxis[1] erprobt. Um auf lange Sicht Normen für diesen Test zu erstellen, müssen weitere Untersuchungen durchgeführt werden. Die Fitness-

---

[1] Auf Grund unserer bisherigen Erfahrungen hat er sich in der Praxis nicht bewährt. Eine baldige Streichung aus dem Lehrplan erscheint deshalb ratsam.

Bewegung hat in der Bundesrepublik Deutschland in den 70er Jahren starken Auftrieb erhalten. Wir dürfen aber in diesem oder ähnlichen Fitness-Test keine perfekten Lösungen zur Messung von Allgemeiner bzw. Spezieller Kondition sehen. Die Konditionsdiagnose weist im Bereich der Tests noch einige Mängel auf. Es ist z. B. nicht immer sichergestellt, daß gesundheitliche Schäden vermieden werden können. Gerade die wichtige Pulskontrolle ist bei selbständiger Messung des Probanden oft recht ungenau. Die Pulsmessung durch den Sportlehrer ist in der Praxis nur unter großem zeitlichen Aufwand möglich. Darüber hinaus ist es unserer Ansicht nach gegeben, daß Probanden, die den selben Test mehrmals durchgeübt haben, sich eine Bewegungsautomatisierung angeeignet haben, die eine objektive Messung der motorischen Grundeigenschaften in Frage stellt. Die Fitness-Tests sollten daher höchstens 2–3 mal mit denselben Übungen angeboten werden.

Gegenwärtig ist es vornehmlich Aufgabe der sportwissenschaftlichen Forschung, diese Tests in ihrem Entstehen und der starken Ausbreitung zu untersuchen und auf diese Weise Fehler und Fehlentwicklungen zu verhindern.

3. Spezielles Konditionstraining: Schwimmen

Trockenübungen im Schwimmsport müssen den Muskeleinsätzen entsprechend sorgfältig ausgewählt und richtig dosiert werden. Eine Hypertrophie der Gesamtmuskulatur („body building") kann für einen Wettkampfschwimmer durchaus hinderlich und unökonomisch sein. Nehmen wir z. B. an, daß der Querschnitt eines „hinderlichen" Muskels (z. B. M. tibialis anterior) sich verdoppelt hat, so verdoppelt sich auch seine Kraft; gleichzeitig aber auch sein Gewicht. Durch die Gewichtszunahme erhöht sich aber die Trägheit und der Widerstand des Schwimmers im Wasser. Der Aktive muß daher versuchen, vorwiegend die Muskelgruppen systematisch zu verbessern, die ihn durch das Wasser treiben. Das sind die sog. Hauptantriebsmuskeln (vgl. Abb. 5) der vier Wettkampfschwimmstilarten. Dazu gehören:

1. *Die Armdepressoren* (z. B. M. latissimus dorsi, M. pectoralis major und M. triceps). Sie liefern die Hauptantriebskraft, indem sie die Arme durch das Wasser ziehen.
2. *Die Bein- und Fußgelenkstrecker* (z. B. M. quadriceps extensoren, M. gastrocnemius und M. gluteus maximus). Das sind die Hauptantriebsmuskeln beim Beinschlag, beim Start und bei den Wenden.
3. *Die Armrotatoren* (z. B. M. teres major, subscapularis)
4. *Die Handgelenks- und Fingerbeuger* (z. B. M. flexor carpi radialis, M. flexor carpi ulnaris und M. flexor palmaris longus). Die Ausbildung dieser Muskeln verhindern ein Nachgeben der Handgelenke und ein Spreizen der Finger während des Schwimmzuges.

Das nachfolgende Übungsprogramm verstärkt vornehmlich die vier obengenannten Muskelgruppen. Es ist auf keine spezielle Schwimmtechnik ausgerichtet. Als Übungsgeräte dienen die Scheibenhandel und der Latissimusapparat (siehe Abb. 6).

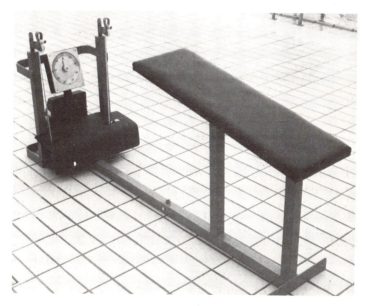

Abb. 6: Der Latissimusapparat

3.1 Allgemeine Grundlagen

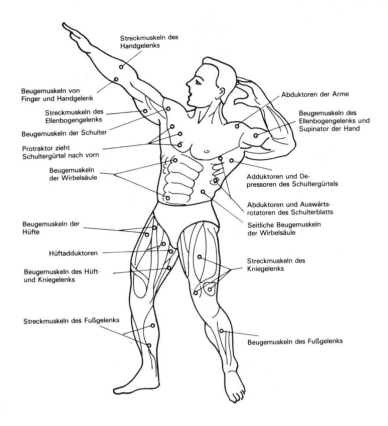

1. *Die Armdepressoren* (z. B. M. latissimus dorsi, M. pectoralis major und M. triceps). Sie liefern die Hauptantriebskraft, indem sie die Arme durch das Wasser ziehen.
2. *Die Bein- und Fußgelenkstrecker* (z. B. M. quadriceps extensoren, M. gastrocnemius und M. gluteus maximus). Das sind die Hauptantriebsmuskeln beim Beinschlag, beim Start und bei den Wenden.
3. *Die Armrotatoren* (z. B. M. teres major, subscapularis)
4. *Die Handgelenks- und Fingerbeuger* (z. B. M. flexor carpi radialis, M. flexor carpi ulnaris und M. flexor palmaris longus). Die Ausbildung dieser Muskeln verhindern ein Nachgeben der Handgelenke und ein Spreizen der Finger während des Schwimmzuges.

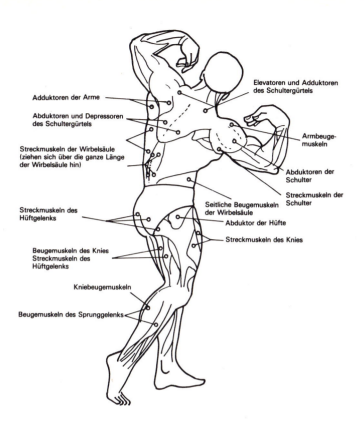

Abb. 5: Die wichtigsten Muskelgruppen des Menschen (nach MURRAY)

Übungen mit der Scheibenhantel:[1]
Da die Maximalkraft entwickelt werden soll, bleiben Belastungsintensität und Anzahl der Wiederholungen bei den Übungen I–VI gleich.

I. Armdepressorenübung

Vorhochheben der Hantel im Ristgriff (weiter als schulterbreit) aus der Rückenlage. Mit gestreckten Armen wird die Hantel in einem Bogen in die senkrechte Position über den Körper gebracht. Kopf und Rumpf bleiben am Boden bzw. auf der Unterlage (Bank).
Belastung: 70–90%; Wiederholungen: 5

II. Halbe Kniebeugen: Bein- und Fußgelenkstrecker-Übung

Bei aufrechtem Stand liegt die Hantel im Nacken und auf den Schultern. Sie wird im Ristgriff weit gefaßt. Beugen der Knie bis zu einem Winkel von ca. 100° im Kniegelenk.

III. Armrotatorenübung

Ausgangslage ähnlich wie Übung I, aber die Ellbogen sind 90° gebeugt, das Kopfende berührt fast die Hantelstange. Durch Drehung der Oberarme wird die Hantel in einem Bogen in die senkrechte Position gehoben. Die Ellbogen bleiben dabei am Boden.

IV. Handgelenk- und Fingerbeugen

Die Hantel wird mit leicht nach vorn geneigtem Oberkörper im Sitzen in den Fingern gehalten, wobei die Unterarme auf den Oberschenkeln liegen. Durch eine möglichst weite Beugung bzw. Streckung der Handgelenke wird die Hantel angehoben und gesenkt.

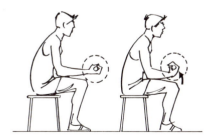

---

[1] Anmerkung: Richtlinien zur Durchführung des Trainings mit der Scheibenhantel siehe Seite 48.

V. Fersenheben

Ausgangsstellung wie bei Übung II. Mit der Hantel auf den Schultern soll ein maximaler Zehenstand erreicht werden, in dem die Fersen sehr hoch vom Boden gehoben werden.

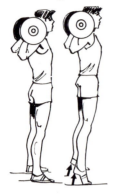

VI. Ellbogenstreckerübung

In der Ausgangsposition (Stand) wird die Hantel mit gestreckten Armen über den Kopf gehalten (Ristgriff ca. schulterbreit). Dann wird sie durch Beugung der Arme nach hinten in Richtung Nacken geführt und zurück über den Kopf. Der Oberkörper bleibt dabei gerade und aufrecht. Die Übung kann auch im Sitzen oder im Kniestand ausgeführt werden.

Übungen am Latissimusapparat

Mit dieser Kraftmaschine lassen sich die tatsächlichen Armbewegungen des Brust-, Kraul- und Delphinschwimmens am besten nachvollziehen. Die Belastungshöhe und die Wiederholungszahl entsprechen den Übungen mit der Scheibenhantel.

Wir wählen 3 Übungen aus, die an dem Doppellatissimusapparat durchgeführt werden (Abb. 6).

I. Brustarmzugübung

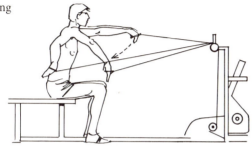

Die Arme werden in der Ausgangslage gestreckt über dem Kopf gehalten.

Der Übende sitzt auf der Bank und hält die Griffe so, daß die Handflächen nach außen zeigen. Die Bewegung entspricht der des

3.1 Allgemeine Grundlagen

Armzuges bei der Brustschwimmtechnik. Wichtig: die Ellbogen sollen nicht zu den Rippen gezogen werden!
Bei dieser Übung werden Armdepressoren, Armrotatoren, Handgelenk- und Fingerbeuger trainiert.

II. Ellbogenstreckerübung

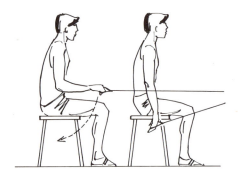

Der Übende sitzt mit am Körper angewinkelten Ellbogen auf einer Bank. Er streckt die Arme und zieht die Griffe somit nach unten. Die Ellbogen bleiben dabei am Rumpf fixiert.

III. Rückenkraularmzugübung

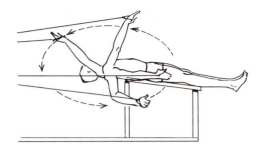

Der Übende liegt auf der Bank. Wenn die Arme seitlich am Körper vorbei nach unten ziehen, werden die Ellbogen gebeugt und die Oberarme nach innen gedreht. Die Arme beginnen sich wieder zu strecken, sobald sie an der Horizontalen vorbei gehen. Sie erreichen ihre vollständige Streckung, wenn die Hände die Oberschenkel berühren (Handflächen zeigen zum Oberschenkel).

Anmerkung:

Wenn der Schwimmer keinen Latissimusapparat zur Verfügung hat, kann er ähnliche Kraftübungen auch mit starken Gummibändern (z. B. 1 Paar alte Fahrradschläuche) ausführen, die an geeigneten festinstallierten Gegenständen im Schwimmbad oder zu Hause angebracht werden können. Beim Üben mit Gummibändern ist es schwierig, die Spannungsgröße (Belastungsintensität) genau festzulegen. Als Faustregel kann man angeben, daß gerade eine so große Spannung erzeugt werden soll, daß mindestens 50 Wiederholungen pro Serie ausgeführt werden können.

Konditionsgymnastik ohne Gerät:

Folgende Übungen können am Beckenrand ausgeführt werden:
- Liegestütze auf den Fingerspitzen (vorlings, rücklings)
- Strecksprünge aus der tiefen Kniebeuge
- Klimmzüge
- Rumpfbeugen aus der Rückenlage; Füße sind dabei am Boden fixiert
- Halbe Kniebeugen mit einem Partner auf den Schultern
- Aus der Startstellung fallen in den Liegestütz.

Die Wiederholungen liegen bei diesen Übungsformen zwischen 5 und 50 pro Serie.

3.2 Fragen und Aufgaben

1. Multiple-Choice-Test:
   Der Begriff „Allgemeines Konditionstraining ist gekennzeichnet durch:
   a) den physischen und psychischen Zustand körperlicher Leistungsfähigkeit;
   b) die annähernd gleichmäßige Entwicklung aller konditioneller Fähigkeiten eines Sportlers;
   c) die optimale Entwicklung leistungsentscheidender konditioneller Fähigkeiten in einer bestimmten Sportart.
2. Multiple-Choice-Test:
   Unter Circuittraining versteht man
   a) die wiederholte Ausführung eines bestimmten Übungsprogramms
   b) den harmonischen Wechsel von verschiedenen Muskelbelastungen in einer bestimmten Zeiteinheit

c) einen Kreislauf, in dem der Übende in einer bestimmten Reihenfolge mit einem systematischen Belastungswechsel von verschiedenen Muskelgruppen mehrere Stationen durchläuft.
3. Definieren Sie den Begriff „Kondition"!
4. Das Circuittraining hat in den letzten Jahren an Bedeutung zugenommen.
   a) Erläutern Sie kurz die wesentlichen Merkmale dieser Trainingsform!
   b) Welche Möglichkeiten bietet das Circuittraining im Rahmen Ihrer Schwerpunktsportart?
   Wählen Sie hierzu einen Übungseffekt und stellen Sie danach einen geeigneten Zirkel mit sechs Übungen zusammen!
   c) Welche negativen Auswirkungen kann das Circuittraining auf den Trainingserfolg haben?
5. Zwei Schüler (A und B) haben nach Absolvierung des Fitness-Tests die gleiche Punktzahl von 160 erreicht und zeigen folgende Pulsfrequenzen:

Schüler	Pulsfrequenz nach					Pulsfrequenz-summe
	1 Min.	2 Min.	3 Min.	4 Min.	5 Min.	
A	192	156	142	136	130	756
B	150	126	108	90	90	564

   a) Inwiefern kann man bei Analyse der obigen Tabelle behaupten, daß ein Schüler besser trainiert ist? Geben Sie eine Erklärung!
   b) Setzen Sie sich bezugnehmend auf die in 1a genannten Schüler A und B kritisch mit den Anwendungsmöglichkeiten von Fitness-Tests im Sportunterricht auseinander!
6. Bestimmen Sie beim Fitness-Test oder bei einem anderen Übungsprogramm Ihre Atem- und Herzfrequenz vor, während und nach den einzelnen Übungen.
   Schreiben Sie die Werte regelmäßig über mehrere Wochen auf. Welche Aussagen können Sie anhand der notierten Werte über Ihren Trainingszustand machen?
7. Bauen Sie ein spezielles Konditionstraining für Ihre Schwerpunktsportart auf.
8. Untersuchen Sie, ob sich bei Vertauschung der Übungen des Fitness-Tests in ihrer Reihenfolge die Pulsfrequenzmessung nach dem Test signifikant verändert.

9. Referieren Sie über leistungsbestimmende Zusammenhänge des Konditionstraining mit dem Technik- und Taktiktraining.
10. Referieren Sie über das Circuittraining – seine Methoden und Einsatzmöglichkeiten in der Sportpraxis.

Weiterführende Literatur:

Haag, H./Dassel, H.: Fitness-Tests, Schorndorf, 1975. – Koch, K.: Konditionsschulung für die Jugend, Schorndorf, 1972. – Peyker, J.: Konditionsschulung an der Fitnessbahn, Schorndorf, 1972. – Thiemel, F.: Arbeitsprogramme zur Konditionsschulung in Schule und Verein, Frankfurt 1972.

3.3 Das Krafttraining

3.3.1 Allgemeine Grundlagen

Die komplexen Beziehungen zwischen Kraft, Ausdauer und Schnelligkeit der Muskulatur sind für die meisten Sportarten von großer Bedeutung. Jede dieser Eigenschaften übt einen bestimmten Einfluß auf die Leistungsfähigkeit eines Sportlers in einer Disziplin aus. Nur durch ihr gezieltes Zusammenwirken kommt es aber erst zu einer Leistungssteigerung und Ausschöpfung aller zur Verfügung stehenden Leistungsreserven (s. Abb. 7).

Um als Trainer, Übungsleiter oder Aktiver Erfolg zu haben, muß man die theoretischen Grundlagen der komplexen Beziehungen dieser Eigenschaften verstehen[1]. Ihre isolierte Betrachtung ist jedoch zweckmäßig, um genaue Kenntnisse über die bestimmenden Faktoren zu erhalten.

Charakterisieren wir zunächst die wichtigsten allgemeinen Prinzipien der Kraft. Jede Bewegung erfordert Kraft. Wie aber wird Kraft im sportlichen Bereich gemessen und wie lassen sich die verschiedenen Krafteinsätze und Erscheinungsformen der Kraft voneinander abgrenzen?

Der Begriff Kraft kommt in zwei unterschiedlichen Bereichen zur Anwendung:
a) physikalischer Bereich
b) physiologischer Bereich.

---

[1] In der Sportwissenschaft sind hier allerdings noch Lücken zu schließen!

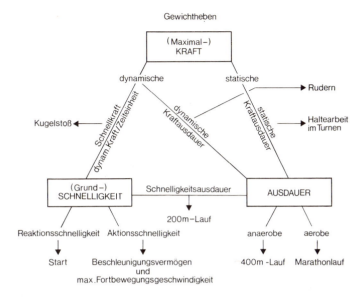

Abb. 7: Schema über das Zusammenwirken der motorischen Grundeigenschaften

Im ersten Fall stellt die Kraft eine mechanische Größe dar, im zweiten Fall wird sie als Muskelkraft und damit als körperliche bzw. motorische Eigenschaft bezeichnet.

3.3.2 Der physikalische Bereich

Nach dem 2. Gesetz von Newton ist Kraft bekanntlich das Produkt aus Masse mal Beschleunigung ($F = m \times b$, $1N = 1$ kg m/s^2). Der Beschleunigungsweg verläuft entweder geradlinig oder aus einer Drehung. Aus der Formel wird ersichtlich, daß es zwei Möglichkeiten gibt, die Größe der Kraft zu entwickeln. Die Größe der entwickelten Kraft kann entweder durch eine größere Masse bei geringen Beschleunigungen (z. B. Bankdrücken oder Kniebeugen mit einem hohen Gewicht) oder durch höhere Beschleunigung bei kleinen Massen (Schnellkraftübungen, z. B. Werfen, Stoßen) ansteigen. Ist bei einer starken Beschleunigung die Größe der Kraft, die bei der Bewegung kleiner Massen entwickelt wird, sehr gering, so bezeichnet man diese Übungen als Geschwindigkeitsübungen.

3.3 Das Krafttraining

Wir können also für die Beziehung zwischen Kraft und erreichbarer Maximalgeschwindigkeit der Bewegung eine physikalische Gesetzmäßigkeit ableiten:

Kraft und Maximalgeschwindigkeit der Bewegung stehen bei m = const. in einem proportionalen Verhältnis, d.h. je höher die Geschwindigkeit einer Bewegung, umso größer ist die Kraft.

Bei großen Massen führt eine starke Krafteinwirkung zu keiner meßbaren Geschwindigkeit der Bewegung, bei sehr kleinen Massen kann schon bei minimalem Krafteinsatz eine hohe Bewegungsgeschwindigkeit erreicht werden.

Diese Gesetzmäßigkeit soll die folgende Abbildung veranschaulichen:

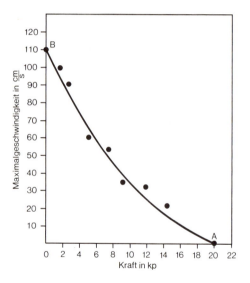

Abb. 8: Beziehung zwischen Kraft und Geschwindigkeit bei Bewegungen mit verschieder Belastung

Erklärung zur Abbildung: Hier entspricht der Punkt A den isometrischen Bedingungen (die Geschwindigkeit ist gleich Null, die Kraftentwicklung maximal) und der Punkt B der Bewegung ohne Belastung (die Belastung ist gleich Null, die Geschwindigkeit maximal). Die Punkte in der Graphik stellen einzelne Meßwerte dar.

3.3.3 Der physiologische Bereich

3.3.3.1 Die Gesetzmäßigkeiten zwischen Kraft und Nerv-Muskelsystem

a) *Faktoren, die die Kraftentfaltung bestimmen:*
- Anzahl der motorischen Einheiten
- Durchmesser der einzelnen Muskelfasern
- Erregungsfrequenz
- Energieversorgung
- Vordehnung des Muskels
- Ansatzwinkel der Sehne am Knochen

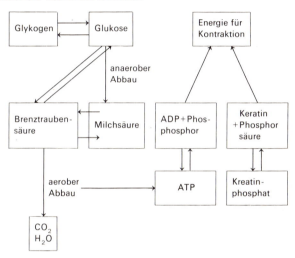

Abb. 9: Energieversorgung der Muskulatur

b) *Arbeitsweisen des Nerv-Muskelsystems*

Es gibt Arbeitsweisen, bei denen keine Bewegung vollzogen wird, die Gliedmaßen also fixiert sind. Bei diesen statischen Bewegungsformen – z. B. dem Kreuzhang in den Ringen – verkürzt sich der Muskel nicht, aber er verändert seine Spannung. Das Halten der Hantel in der Hochstrecke ist ein weiteres Beispiel hierfür. Wir sprechen in diesen Fällen von einem *isometrischen* Krafteinsatz.

In den dynamischen Bewegungsformen, z. B. Werfen, Stoßen und Springen, verkürzt sich dagegen der Muskel, ohne in der Phase des Krafteinsatzes seine Spannung wesentlich zu verändern. Die Muskelaktivität wird dann *isotonisch* genannt.

Bei den meisten Bewegungen arbeitet der Muskel isometrisch und isotonisch (Unterstützungszuckung = auxotonische Muskelkontraktion). Betrachten wir einen einzigen Armzug beim Rudern: Bis zur Überwindung des Widerstandes steigt die Spannung im Muskel, bevor er sich dann verkürzt.

Nach HARRE unterscheidet man darüber hinaus zwischen *innerer* und *äußerer Kraft*. Die innere Kraft charakterisiert die Fähigkeit des Organismus zur Kraftentwicklung. Dabei wird chemische Energie in kinetische Energie umgewandelt. Die äußere Kraft setzt sich aus den Kräften zusammen, die bei einer sportlichen Bewegung auf den Organismus einwirken, z.B. eigene Schwerkraft, Fremdgewichte z.B. Hantel, Diskus, Kugel und Reibungswiderstände. Bei der statischen Arbeitsweise entsprechen sich innere und äußere Kraft. Bei der dynamischen Arbeitsweise ist entweder die innere oder die äußere Kraft größer.

3.3.3.2 Die Beziehungen zwischen Kraft und Körpergewicht

Die Weltrekordleistungen der Gewichtheber verschiedener Gewichtsklassen demonstrieren eindrucksvoll (HARRE[1]), daß die Fähigkeit zu Kraftleistungen bei Sportlern größtenteils vom Körpergewicht abhängig ist. Schwere Sportler können eine höhere *Maximalkraft*[2] als leichtere Sportler erreichen ($E_{kin} = {}^1/_2 mv^2$). Daher dominieren in solchen Disziplinen, die sehr hohe Anforderungen an die Maximalkraft stellen, die Sportler mit besonders großem Körpergewicht. Die Sportarten der Schwerathletik (Boxen, Ringen, Gewichtheben u.a.) sind aus diesem Grunde in Gewichtsklassen untergliedert. Darüber hinaus haben sich auch in anderen Sportarten wie z.B. Wurf und Stoßdisziplinen der Leichtathletik die schweren Sportler durchgesetzt. Als Ursachen sind die erheblichen zusätzlichen Widerstände (Gerätegewicht, Schwerkraft, Fliehkraft, Reibung) anzusehen, mit denen sich die Aktiven auseinandersetzen müssen. Hierbei kommt es unabhängig vom Körpergewicht auf die höchstmögliche Kraft an, die der Sportler entwickeln kann.

[1] HARRE, Trainingslehre, Berlin (Ost), S. 125ff, (1973).
[2] Einige Autoren setzen Maximalkraft und absolute Kraft gleich. Nach HETTINGER ist die absolute Kraft mehr als die Maximalkraft. Sie ist Maximalkraft plus Kraftreserven. Erklärung: Ein Mensch kann nie alle seine Kräfte (motorischen Einheiten) gleichzeitig mobilisieren. Es bleibt bei sportlichen Leistungen immer eine Kraftreserve, die auch in Extremsituationen nur teilweise angegriffen wird.
Der Begriff Maximalkraft wird außerdem im Kapitel 3.3.4 „Die Wirkungsformen der Kraft" definiert.

Wenn jedoch der eigene Körper vorwiegend bewegt werden muß, z. B. in Sportspielen, Geräteturnen, Springen, Laufen, spielt die sog. *relative Kraft*[1] eine übergeordnete Rolle. Unter der relativen Kraft versteht man das Verhältnis: Körpergewicht zur Maximalkraft. Den Wert der relativen Kraft erhält man also, wenn man die Maximalkraft durch das Körpergewicht dividiert. Um z. B. die Übung Kreuzhang an den Ringen turnen zu können, müssen 1 kg Körpergewicht 9,8 N Muskelkraft entsprechen.

Die Veränderung der relativen Kraft im Verhältnis zum Körpergewicht am Beispiel der Weltrekorde im Gewichtheben (Stand 1968, nach Harre) zeigt die folgende Übersicht:

Gewichtsklasse	Name	Größe in cm	Körper-Gewicht in kg	Dreikampf-leistg. Maximalkraft in kg	Relative Kraft
Bantam	Chelin (UdSSR)	152	56	365	6,51
Federgewicht	Miyake (Japan)	154	60	397,5	6,62
Leichtgewicht	Baszanowski (Polen)	165	67,5	440	6,56
Mittelgewicht	Kwenzow (UdSSR)	166	75	482,5	6,43
Leichtschwergewicht	Veres (Ungarn)	168	82,5	485	5,91
Mittelschwergewicht	Kangasniemii (Finnland)	174	90	522,5	5,80
Schwergewicht	Shabotinski (UdSSR)	190	160	590	3,68

Aus dieser Übersichtstabelle lassen sich einige Erkenntnisse für die Trainingspraxis ableiten: Der Athlet mit der größten Maximalkraft (SHABOTINSKI) hat die kleinste relative Kraft. BASAZANOWSKI, ein Gewichtheber aus einer der unteren Gewichtsklassen, besitzt die größte relative Kraft. Mit zunehmendem Körpergewicht wird die

---

[1] Relative Kraft ist identisch mit Relativkraft. Nach HOLLMANN ist Relativkraft das Verhältnis von Grenzkraft zu Anfangskraft, also praktisch der Trainingsgewinn an Kraft in einer Trainingseinheit.

relative Kraft der aufgeführten Sportler immer kleiner. Besonders die Gewichtheber der oberen Gewichtsklassen haben ein sehr ungünstiges Last-Kraft-Verhältnis. Darüber hinaus weisen sie ungünstigere Hebelverhältnisse auf.
Die Konsequenz aus dieser Erkenntnis für die Trainingspraxis ist einleuchtend, aber oft schwer zu verwirklichen. Einige Leistungssportler versuchen, einen Kraftgewinn ohne Gewichtszunahme zu erreichen, um ihre relative Kraft zu verbessern. Andere versuchen, überflüssige Pfunde abzutrainieren, wobei die Maximalkraft gehalten werden muß.

3.3.3.3 Die physiologischen Ursachen für die Kraftzunahme

Als Voraussetzung für die Kraftzunahme im Training sind aus physiologischer Sicht zwei Faktoren maßgebend:
a) Eine Muskelspannung, die überschwellig, also als Trainingsreiz, wirksam ist und
b) eine ausreichende Eiweißzufuhr.
Nur eine über das normale tägliche Maß hinausgehende Belastung wirkt als Trainingsreiz. Diese allgemeine Definition des Trainingsreizes ist für alle Körpersysteme gültig. Die Art der Belastung ist jedoch spezifisch für die einzelnen Körpersysteme. Die spezifischen Trainingsmethoden sind daher nicht austauschbar. Das heißt, von einem reinen Herz-Kreislauf-Training ist keine Kraftzunahme und von einem reinen Krafttraining keine Verbesserung der Leistungsfähigkeit des Herz-Kreislauf-Systems zu erwarten.
Der adäquate Trainingsreiz für das Krafttraining – das gilt auch für andere Körpersysteme – dürfte weitestgehend unabhängig von der Trainingsmethode sein. Es kommt lediglich darauf an, daß die Trainingsschwelle überschritten wird, siehe die folgende Übersicht nach HETTINGER (1953/54).

	Trainingsschwelle	Maximaler Trainingseffekt erreicht
Trainingskraft in % der individuellen Maximalkraft	> 30	40–50
Anspannungsdauer in % der bis zur Erschöpfung möglichen Zeit	> 10	20–30
Häufigkeit der Trainingsreize	1 x wöchentlich	5 x täglich

In dieser Übersicht ist einerseits angegeben, welches Minimum im Hinblick auf die Anspannungsintensität (Trainingskraft), Anspannungsdauer und Häufigkeit erforderlich ist, andererseits unter welchen Voraussetzungen der größtmögliche Effekt erzielt wird. Physiologisch gesehen ist es also zu einem Muskelwachstum = Kraftzunahme weder erforderlich, die Muskulatur maximal zu belasten, noch bis zur muskulären Erschöpfung zu trainieren.

Zur normalen Ernährung sollte der Sportler ca. 4000 KJ (12% Eiweiß, 40% Fett und 48% Kohlenhydrate) zu sich nehmen. Nach KRAUT liegt das Eiweißminimum bei 1 g/kg Körpergewicht und Tag.

Wird eine Kraftzunahme der Muskulatur gewünscht, muß die tägliche Eiweißzufuhr oberhalb des genannten Minimums liegen, also bei 1,2–1,5 g/kg Körpergewicht und Tag[1]. Zur Versorgung des Körpers mit hochwertigem Eiweiß ist anzuraten, täglich $^1/_2$ l Milch zu trinken oder Quark oder andere Milchprodukte zu essen. Hochwertige und billige Eiweißträger sind z. B. auch Fisch, Blutwurst, Erbsen, Bohnen und Reis. Etwa $^1/_3$ bis $^1/_2$ des Eiweißbedarfes sollte durch tierisches Eiweiß gedeckt werden, das einen höheren Gehalt an essentiellen Aminosäuren hat.

Wir wollen in diesem Zusammenhang noch auf zwei weitere Nährstoffe zu sprechen kommen und sie auf ihre leistungssteigernde Wirkung bzw. ihren Effekt auf Kraftzunahme untersuchen, weil hier insbesondere bei Jugendlichen immer wieder durch übertriebene Werbung von falschen Vorstellungen ausgegangen wird. Zunächst soll etwas über die Wirkungsweise des Traubenzuckers gesagt werden. Durch wissenschaftlichen Untersuchungen konnte eine Kraftzunahme bis heute nicht nachgewiesen werden. Traubenzucker ist leicht und rasch resorbierbar und hat bei lang dauernden Belastungen (z. B. Marathonlauf, Gebirgsexpedition usw.) präventive bzw. rehabilitive Trainingswirkung. Dabei sollte man es aber auch belassen.

Ähnliches gilt für die Vitamine, denen auch oft Wunderdinge angedichtet werden. Die Vitamine haben bei normaler Ernährung, d.h. wenn durch vorausgegangene Mangelernährung oder einseitige Ernährung keine Hypervitaminose besteht, keinen Einfluß auf den Trainingseffekt, wie bisherige Untersuchungen gezeigt haben.

Wird aber eine stark kohlenhydratreiche Kost (Kekse, Schokolade) zu sich genommen, ist eine zusätzliche Einnahme von Vitaminen und Mineralien angezeigt.

Bei hochwertiger Mischkost (ca. 4000 KJ) ist auch für eine Leistungssteigerung die Einnahme von Ergänzungspräparaten nicht notwendig.

[1] Die Muskelarbeit selbst ruft keine nennenswerte Steigerung des Proteinumsatzes hervor. Der leicht erhöhte Proteinbedarf bei intensiver, sportlicher Betätigung ist vor allem auf den großen Schweißverlust zurückzuführen.

3.3.3.4 Biologische Gesetzmäßigkeiten im Krafttraining der Frauen

Frauen können ein Krafttraining ebenso in ihre Trainingsplanung miteinbeziehen wie Männer. Allerdings verbietet sich eine übermäßige Belastung durch die biologischen Besonderheiten ihrer Muskulatur. Die weibliche Muskulatur weist folgende quantitative und qualitative Unterschiede gegenüber der des Mannes auf:

a) Die Fibrillenanzahl in der Muskulatur ist geringer.
b) Die Muskelmasse ist um ca. 30–35% geringer (23 kg zu 35 kg).
c) Die Muskelkraft pro cm^2 ist um 20–25% geringer.

Nach HETTINGER beträgt z.B. die Maximalkraft des Unterarmbeugers (Bizeps) der Frau 52–63% der des Mannes. Die Frau erreicht also nur etwa $^2/_3$ der Kraft des Mannes.

Darüber hinaus ist ihre Muskulatur weniger trainierbar und zur Kraftentwicklung in geringerem Maße geeignet. Da sich dieser Unterschied im Kraftzuwachs und in der Trainierbarkeit erst nach der Pubertät bemerkbar macht, sind dafür offensichtlich die geringere Menge männlicher Sexualhormone (Androgene) verantwortlich. Während bis zum Abschluß der Reifezeit die effektive Muskelkraft bei Jungen und Mädchen nahezu gleich bleibt, ist die Trainierbarkeit der Muskulatur bei Jungen bereits besser.

Aus Abbildung 10 wird ersichtlich, daß die Muskelkraft auch vom Lebensalter abhängt.

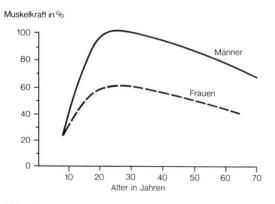

Abb. 10: Vergleichende Darstellung der Muskelkraft von Männern und Frauen zwischen dem 10. und 70. Lebensjahr (nach HETTINGER, 1953/54)

Frauen haben zwischen dem 16. und 30. Lebensjahr, Männer zwischen dem 20. und 30. Lebensjahr ihr Kraftmaximum. Im weiteren Verlauf des Lebens nimmt die Kraft bei beiden Geschlechtern allmählich ab. Bei Frauen reduziert sich die Kraft dabei im Vergleich zu den Männern weniger.

Bei Kraftübungen mit der Scheibenhantel muß sich die Frau eine sehr gute Technik aneignen. Zum anderen muß sie auf eine langsame Belastungserhöhung (Reizintensität und Reizumfang) achten. Im übrigen gelten aber dieselben Richtlinien und Regeln, die wir auf S. 48 und 49 dargestellt haben. Auf alle Fälle sollte das beidarmige Reißen bis zur Hochstrecke vermieden werden, weil bei dieser Übung der im Vergleich zum Mann längere Lendenwirbelbereich der Frau sehr starken Belastungen ausgesetzt sein kann. Als Folge könnten z.B. Gebärmutterknickungen entstehen. Deshalb sind Übungen im Sitzen oder Liegen angebracht, die die Wirbelsäule entlasten.

Andere muskelkräftigende Übungen wie z.B. mit dem Medizinball, mit einer Partnerin oder isometrische Übungen sind mit geringeren Verletzungsgefahren verbunden. Mit ihnen lassen sich bei entsprechender Dosierung meist die gleichen Trainingseffekte erreichen wie beim Arbeiten mit der Hantel.

Heftig diskutiert wurde in den vergangenen Jahren die Frage, ob die Fraulichkeit unter einem starken Krafttraining leiden könnte. Unsere bekannten Sportlerinnen beweisen eigentlich schon augenscheinlich das Gegenteil. Nach wissenschaftlichen Beobachtungen kann ein dosiertes und vielseitiges Krafttraining keine *virilen Erscheinungen* hervorrufen, weil infolge des dicken Unterhautfettgewebes der Muskelzuwachs kaum sichtbar wird. Im Gegenteil, ein gezieltes Krafttraining kann sogar als therapeutische Maßnahme eingesetzt werden, wenn es darum geht, eine schlechte Körperhaltung zu korrigieren oder einen erschlafften Busen zu liften.

3.3.4 Die Wirkungsformen der Kraft

Aus trainingsmethodischer Sicht ist es zweckmäßig, zwischen drei Wirkungsformen der Kraft zu unterscheiden. Man bezeichnet sie mit den Begriffen:
Maximalkraft – Schnellkraft – Kraftausdauer.
Die *Maximalkraft* ist die höchste Kraft, die das Nerv-Muskel-System bei maximaler willkürlicher Kontraktion auszuüben vermag[1]. Die Bedeutung der Maximalkraft für die sportliche Leistung ist

---

[1] HARRE, Trainingslehre, Berlin-Ost (1973).

geringer, wenn die zu überwindenden Widerstände klein sind und die Ausdauerfähigkeiten dominieren. Deshalb hat die Maximalkraft auf eine Sprintleistung einen größeren Einfluß als auf das Ergebnis in einem Langstreckenlauf.

Die *Schnellkraft* ist die Fähigkeit des Nerv-Muskelsystems, Widerstände mit einer hohen Kontraktionsgeschwindigkeit zu überwinden. Die Schnellkraft ist in den Sportarten mit zyklischen bzw. azyklischen Bewegungsabläufen vorherrschend, in denen Sprintphasen bzw. hohe Abstoß- oder Abwurfgeschwindigkeiten Bedeutung haben. Als Beispiele sind hier Kurzstreckenläufe, Weitsprung, Speerwurf und die meisten Sportspiele zu nennen.

Kraftausdauer ist die Widerstandsfähigkeit gegen Ermüdung bei lang andauernden Kraftleistungen. Die Kraftausdauer ist in solchen Sportarten leistungsbestimmend, in denen ein hohes Ausdauervermögen in Verbindung mit einer bestimmten Kraftleistungsfähigkeit zugrunde liegt. Der Rennruderer kann die Verbindung von Kraft und Ausdauer besonders eindrucksvoll veranschaulichen. Er treibt sein Boot mit einem kraftvollen, harten Ruderschlag fast kontinuierlich über eine Distanz von 2000 m voran.

Jede dieser Wirkungsformen kann mit Hilfe von spezifischen Trainingsmethoden optimal entwickelt werden. Eine Verbesserung der Maximalkraft kann der Aktive durch die Anwendung der **Wiederholungsmethode** besonders schnell erreichen. Diese Methode eignet sich auch zur Schulung der Schnellkraft; allerdings müssen dann die Belastungsmerkmale[1] verändert werden.

Die Kraftausdauer kann unter Einsatz der **Intervallmethode** gezielt trainiert werden.

Kennzeichnend für alle Trainingsmethoden sind physiologische Belastungsmerkmale, die bei der praktischen Durchführung von Übungsformen von Trainer und Aktiven beachtet und gemäß dem Ausbildungsstand dosiert werden müssen:

a) Die *Reizstärke* der Übung: Sie geht von der Kraft aus, mit der die Übungen ausgeführt werden. Die persönliche Bestleistung eines Sportlers wird in Maßeinheiten (N, J, W)[2] umgerechnet und mit 100% angesetzt.

---

[1] Statt Belastungsmerkmal findet man in der Literatur auch den Begriff Belastungsnormativ.
[2] $1 J = 1 Nm = 1 Ws$ (Arbeit, $1 W = 1 J/s$ (Leistung), $1 N = 1 kgm/s^2$ (Kraft).

b) Die *Reizdauer* der Übung: Sie charakterisiert die Zeit, in der die Körperübung als Trainingsreiz auf den Organismus einwirkt.
c) Der *Reizumfang* der Übung: Er ergibt sich aus der Summe der Wiederholungen einer Übung.
d) Die *Reizdichte* der Übung: Unter Reizdichte versteht man das Verhältnis der zeitlichen Aufeinanderfolge von Übungen und anschließender Pause. Dabei unterscheidet die Sportphysiologie die „vollständige Erholungspause" und die sogenannte „lohnende Pause" (s. Abb. 11). Bei der vollständigen Erholungspause erreicht die Pulsfrequenz den Ruhewert. Bei der lohnenden Pause geht die Pulsfrequenz nur um ein Drittel des Höchstwertes nach einer maximalen bis submaximalen Belastung (auf ca. 120 Schläge/Min.) zurück.

Nur mit dem gezielten Einsatz dieser Belastungsmerkmale (Reizstärke, Reizdauer, Reizumfang, Reizdichte) lassen sich die Trainingsmethoden zur Entwicklung von Kraft, Ausdauer und Schnelligkeit in der Sportpraxis verwirklichen. Sie wirken immer als geschlossene Einheit auf den Organismus.

Zwischen den Belastungsmerkmalen bestehen auch enge Wechselbeziehungen. So bedingen sich z. B. Reizstärke und Reizumfang derart, daß bei einer Übungsausführung mit maximaler Reizstärke niemals der Reizumfang gleichzeitig maximal sein darf, und umgekehrt. Die Trainingsmethoden spiegeln die Verhältnisse der Belastungsmerkmale zueinander wieder. Jede Methode kann dabei in ihrer reinen Form oder variabel gestaltet werden. Außerdem können die Methoden untereinander kombiniert und jeweils organisations-methodischen Formen des Übens, z. B. Kreistraining, zugeordnet werden.

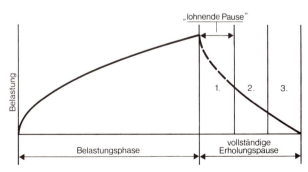

Abb. 11: Darstellung der „lohnenden Pause"

3.3 Das Krafttraining

3.3.5 Die Methoden zur Entwicklung von Maximalkraft, Schnellkraft und Kraftausdauer mit entsprechenden Übungsbeispielen

Der folgende Abschnitt soll die Methode bzw. Belastungsmerkmale mit entsprechenden Übungsbeispielen charakterisieren und konkrete Beispiele ihrer Anwendung aufzeigen. Um evtl. Verletzungsgefahren oder Fehlbelastungen bei der praktischen Anwendung der folgenden Übungsbeispiele vorzubeugen, stellen wir die Grundzüge der Technik und die Richtlinien beim Krafttraining mit der Scheibenhantel voran.

**Grundzüge der Technik und die Richtlinien
bei dem Krafttraining mit der Scheibenhantel**

Wir wollen davon ausgehen, daß nur vielseitig vorbereitete und ausgewachsene Sportler in das Krafttraining mit der Scheibenhantel eingewiesen werden. Trainer und Aktive sollten dann folgende Punkte beachten:

1. Die Hebetechnik muß so ausgeführt werden, daß dabei die Wirbelsäule stets gerade (gestreckt) gehalten und der Kopf leicht in den Nacken genommen wird. Bandscheibenschäden werden so vermieden. Am häufigsten verletzen sich die Jugendlichen im Lendenteil der Wirbelsäule (5. Zwischen-Wirbelscheibe) beim Anheben der Hantel (s. Abb. 12).

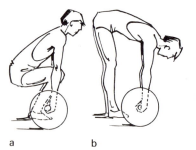

a) richtig, Schienbeine an der Hantelstange

b) falsch, Blick nach unten, Schienbeine nicht an der Stange

a b

Abb. 12: Technik beim Krafttraining mit der Scheibenhantel

2. Aufgrund dieser Verletzungsgefahren werden Übungen mit vorgebeugtem Oberkörper unter Belastung (Hantel auf den Schultern) möglichst weggelassen. Die Wirbelsäule kann durch Übungen im Liegen und Sitzen entlastet werden.

3. Bei Kniebeugen unter Hantelbelastung genügt es meistens, bis zum 100°-Winkel im Kniegelenk zu hocken (halbe Kniebeuge); diese Hocke reicht z. B. zur Schnellkraftschulung der Sprungmuskeln völlig aus. Vorteil: Die Menisken werden geschont. Die Kniebeugen sind in der beim Stehen normalen Fußstellung auszuführen, um die Bewegungsfreiheit des Kniegelenks zu erhalten. Die Füße müssen stets mit der ganzen Sohle am Boden bleiben. Geeignetes festes Schuhwerk ist dringendst zu empfehlen.

4. Das Reißen, Stoßen, Umsetzen, Aufrichten aus der Kniebeuge und Springen mit der Hantel wird bis zur vollen Rumpf- und Beinstreckung ausgeführt. Beim Training für schwerathletische Zwecke wird nach Gewichtheberart mit Hocke oder Ausfallschritt trainiert.

5. Als Hilfe und Sicherung sollten immer 1–2 Helfer zur Verfügung stehen, die z. B. ein Abrutschen der Hantel verhindern können.

6. Die Technik muß mit geringen Lasten gelernt und beherrscht werden, bevor mit Maximalgewichten geübt wird.

7. Auch beim Krafttraining muß auf das Aufwärmen vor und das Warmhalten während des Übens geachtet werden.

8. Häufiges Preßatmen (indem der Atem beim Üben angehalten wird) ist wegen der Gefahr von Herz- und Kreislaufbeschwerden zu vermeiden. Im Kraftraum sollte es immer Frischluftzufuhr geben (Fenster auf!) – aber Vorsicht vor Zugluft!

9. Typische Muskel-, Sehnen- und Bänderverletzungen beim Krafttraining sind meist auf mangelnde Technik, aber auch auf starke Ermüdung zurückzuführen. Deshalb ist eine vorsichtige Dosierung der Lasten anzuraten. Übertreibung kann hier für den Organismus sehr schädlich sein, daher rechtzeitig mit dem Üben aufhören.

10. Vor allem Jugendliche sollten sich in regelmäßigen Abständen (halbjährlich) einer röntgenologischen Untersuchung unterziehen, bei der insbesondere die Wirbelsäule und die Kniegelenke beobachtet werden, weil das Wachstum noch nicht abgeschlossen ist.

3.3.5.1 Die Belastungsmerkmale der Wiederholungsmethode zur Entwicklung von Maximalkraft:

a) Die Reizstärke der einzelnen Übung muß sehr hoch sein. Bei jeder Übung werden ca. 80–100% des maximalen Leistungsvermögens eingesetzt.
b) Die Reizdauer der einzelnen Übung kann je nach Stärke des einzelnen Trainingsreizes sehr unterschiedlich sein. Im Lauftraining kann sie bei maximal 6 oder 9 Min. liegen. Während sie im Hanteltraining immer nur einige Sekunden beträgt.
c) Der Reizumfang der Übungen mit hoher Reizstärke ist daher gering. Bei Übungen mit der Scheibenhantel etwa 20–30 einzelne Hebungen pro Trainingseinheit oder 3–6 pro Serie.
d) Die Reizdichte der Übungen richtet sich ebenfalls nach der Höhe der Reizstärke. Hier ist eine relativ lange Erholungspause zwischen den Übungsphasen nötig. Bei der Gewichtsarbeit mit der Scheibenhantel soll sie mindestens 3–5 Min. dauern. Die Erholungsphase sollte mit Atemübungen oder leichten Dehn- bzw. Lockerungsübungen ausgefüllt werden.

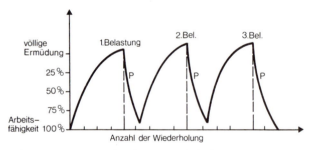

Abb. 13: Schema der Wiederholungsmethode (nach SCHMOLINSKY, 1974)

Übungsauswahl zur Verbesserung der Muskelkraft (isotonisch-dynamisch)

1. Kniebeuge mit Scheibenhantel im Nacken (Oberkörper aufrecht!).
2. Rückenlage auf dem Kasten, die Scheibenhantel wird von der Brust hochgestoßen und abbremsend gesenkt (Bankdrücken).
3. Auf einer schräg gestellten Bank mit dem Kopf nach unten auf den Rücken legen, Rumpf aufbeugen mit Sandsack oder Kurzhantel im Nacken.

4. Seitgrätschstellung. Rumpfdrehbeuge mit schnellkräftigem Anheben, Scheibenhantel im Nacken.
5. In beide Hände eine Kurzhantel, springen auf die Bank mit angehockten Beinen, Oberkörper aufrecht, Schulterhöhe gleichbleibend.
6. Sitz auf einem Kasten, Kurzhantel oder Sandsack ist am Fuß fixiert, Beugen und Strecken des Unterschenkels

Auf Lockerungsgymnastik zwischen den einzelnen Übungen ist zu achten.

Das Maximalkrafttraining nach der Wiederholungsmethode sollte bei Jugendlichen erst dann durchgeführt werden, wenn einige Monate regelmäßig nach den Prinzipien des Ausdauertrainings (Dauerleistungsmethode) oder mit verhältnismäßig geringer Intensität, aber mit mehreren Wiederholungen – also extensiv – gearbeitet wurde. Damit wird eine gewisse Anpassung in Bezug auf das Sauerstoffaufnahmevermögen im jugendlichen Organismus gewährleistet und die hohe Belastungsintensität bei der Wiederholungsmethode, die vorwiegend anaerobe Bedingungen im Muskelstoffwechsel hervorruft, besser kompensiert. Darüber hinaus kann durch diese Maßnahme das in den Wachstumsperioden des jungen Sportlers besonders labile Nervensystem nicht überlastet werden.

3.3.5.2 Die Belastungsmerkmale der Intervallmethode zur Entwicklung von Schnellkraft[1]

a) Die Reizstärke der einzelnen Übung liegt bei 50–75% des maximalen Leistungsvermögens.
b) Die Reizdauer der Übungen beträgt beim Hanteltraining nur einige Sekunden. Wesentlich ist, daß die Bewegungsgeschwindigkeit sehr hoch gehalten wird.
c) Reizumfang: Es werden 6–10 Wiederholungen der Übung in 4–6 Serien (Umläufe) durchgeführt.
d) Reizdichte: Die Erholungspause nach der Übungsphase ist relativ kurz. Im allgemeinen reichen Pausen von 1–3 Min. aus.

Übungsauswahl zur Sprungkraftschulung

Die Sprünge sollen so schnell wie möglich, jedoch ohne Überhastung ausgeführt werden. Als Gewichte dienen Sandsack, Bleiweste und Hantel. Als aktive Erholung muß zwischen den Übungen eine Lockerungsgymnastik eingeschaltet werden.

[1] Diese Methode wird ausführlich im Kapitel Ausdauertraining beschrieben.

1. Hock-, Streck-, Scher- und Grätschwinkelsprünge
2. Schlußhüpfen vor-, rück- und seitwärts
3. Stephüpfen
4. Strecksprünge mit Raumgewinn
5. Schrittwechselsprünge
6. Sprungseilübungen
7. Schluß- und Hocksprünge über die Langbank
8. Skipping
9. Kreuzschrittlaufen
10. Hindernissprünge über Kästen.

3.3.5.3 Die Belastungsmerkmale der Intervallmethode zur Entwicklung von Kraftausdauer

a) Die Reizstärke der einzelnen Übung liegt bei 25–50% des maximalen Leistungsvermögens
b) Die Reizdauer ist aufgrund der niedrigen Reizstärke relativ hoch.
c) Reizumfang: Es werden 20–30 Wiederholungen in 3–5 Serien durchgeführt.
d) Reizdichte: Es sind solche Pausen zwischen den Übungsphasen erforderlich, die eine Wiederherstellung der Pulsfrequenz von 130 Min. gewährleisten.

Übungsauswahl für einen Skifahrer

(Zwischen den Übungsteilen sind aktive Pausen von ca. 40 sec. vorgesehen)
1. Kasten (hüfthoch) besteigen im Vierertakt (linkes Bein – rechtes Bein und zurück)
2. Sprünge mit zwei Kurzhanteln von der Langbank in der Abfahrtshocke auf den Boden und zurück
3. Rumpf aufrichten aus der Rückenlage (schnellkräftiges Aufrichten)
4. Medizinball gegen die Wand werfen. Beidhändig über den Kopf oder abwechselnd mit der linken oder rechten Hand
5. Liegestützübung mit erhöhten Füßen (Sprossenwand – unterste Sprosse)
6. Bauchlage. Rumpfaufbeugen mit Medizinball oder Sandsack im Nacken
7. Aus dem Stand in die tiefe Hocke und dann in den Liegestütz; dasselbe wieder zurück in den Stand
8. Hüpfen in tiefer Hocke mit Vorhochschlagen der Unterschenkel.

3.3.6 Formen des Krafttrainings

Die Wiederholungsmethode mit etwa 85–100% des maximalen Leistungsvermögens erstreckt sich im wesentlichen auf folgende Übungen (Trainingsinhalte) mit der Scheibenhantel:
Umsetzen; beidarmig stoßen und reißen; Kniebeugen mit Gewicht im Nacken; Bankdrücken; Bankziehen.

Beispiele
a) Eine spezielle Form des Maximalkrafttrainings erläutern wir am Beispiel des **Pyramidensystems** (Abb. 14).

Beginnend mit etwa 5 möglichst raschen Wiederholungen steigert man das Gewicht der Scheibenhantel jeweils um 2,5–5 kg und verringert so die Zahl in den einzelnen Serien möglichen Wiederholungen bis zur Erreichung der Maximalleistung. Anschließend kehrt man in der umgekehrten Reihenfolge zur Ausgangsbasis zurück. Die Pause nach jeder Serie beträgt ca. 90–120 Sekunden. Es empfiehlt sich, die Hebezeiten zu stoppen. Die Gewichte müssen dann so lange standardisiert bleiben, bis es dem Sportler nicht mehr möglich ist, die Hebezeiten zu verkürzen. Nach einem Maximaltest wird die Dosierung neu festgelegt.

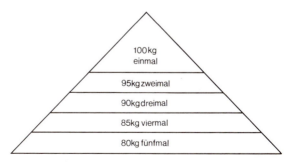

Abb. 14: Pyramidentraining, Trainingsinhalt: z. B. Bankdrücken

b) Als weiteres Beispiel wollen wir ein Krafttraining nach der Form des **Circuittrainings** bei jugendlichen Leichtathleten (Werfer und Stoßer, 15–16 Jahre) vorstellen[1]

1. Station allgemein		Umsetzen der Hantel, 30–40 kg Hantel, 6–8mal
2. Station speziell		Werfen mit 600 g-Nockenball, Wurf gegen die Wand, der Wurfarm ist in Schulterhöhe zurückgestreckt, 10mal
3. Station allgemein		Lauf über drei Hürden mit je einem Zwischenschritt, 5mal
4. Station speziell		Stoß mit einem Medizinball aus tiefer Stoßauslage gegen die Wand, der Ball liegt eine Fußlänge hinter dem rechten Fuß auf dem Boden, dort wird er beidhändig ergriffen, 10mal
5. Station allgemein		Kniebeuge mit Sprung, 50 kg-Hantel, halbe Hocke, 10mal
6. Station speziell		Medizinball-Schockwurf gegen die Wand, seitlich aus der Wurfauslage wie beim Diskuswurf, 10mal
7. Station allgemein speziell		Stoßen der Hantel ohne Ausfallschritt von der Brust, 40–45 kg-Hantel, 6–8mal
8. Station allgemein		Bauchmuskelübung: Aufrichten aus der Rückenlage mit Zusatzgewicht von 2,5–5 kg, hinter dem Kopf gehalten, 10mal
9. Station allgemein		Sprunglauf mit Gewichtsweste (10% des Körpergewichtes), 2mal Hallenlänge
10. Station allgemein		Drücken der Hantel von der Bank, 35–40 kg-Hantel, 5–7mal

Umfang der Hantelübungen: ca 1,5 t.

Da die Circuitform auf die Gruppentätigkeit zugeschnitten ist, muß mit feststehenden Hantelgewichten gearbeitet werden.
Zur Berücksichtigung unterschiedlicher Leistungsfähigkeiten sollten die Hantelscheiben so gewählt werden, daß eine schnelle Gewichtsveränderung möglich ist. Meist ist nur eine Hantel vorhanden, die man am besten zentral im Raum anordnet, damit ihre Benutzung keine Stauungen im Umlauf hervorruft. Die Umläufe (Wiederholungen des Zirkels) richten sich nach den Gewichtsbelastungen und Wiederholungszahlen sowie nach dem Trainingszustand der Sportler.

---

[1] TSCHIENE: Das Training des jugendl. Leichtathleten, Band 27, Schorndorf, S. 54ff. (1969).

3.3.7 Fragen und Aufgaben

1. Multiple-Choice-Test:
   Den Wert der relativen Kraft erhält man, wenn man
   a) das Verhältnis von Körpergewicht zur äußeren Kraft bestimmt,
   b) die absolute Kraft durch das Körpergewicht teilt,
   c) die höchste, innere Kraft mit dem Körpergewicht multipliziert,
   d) innere und äußere Kraft in Gleichgewicht bringt.
2. Welche Wirkungsformen der Muskelkraft würden Sie als Trainer schwerpunktmäßig im Gewichtsheben bzw. in den Wurfdizplinen der Leichtathletik ausbilden? Begründen Sie Ihre Entscheidung.
3. a) Vergleichen Sie ausführlich das statische und dynamische Muskeltraining.
   b) Warum ist es nötig, beide funktionellen Leistungsarten zu verbessern?
4. Die meisten Sportarten stellen an den Einsatz von Kraft verschiedene Anforderungen.
   a) Definieren Sie die unterschiedlichen Kraftformen.
   b) Geben Sie je Typ drei Sportarten an, in denen sie als Leistungsfaktor überwiegen.
   c) Welche biologischen Ursachen sind für die Kraftzunahme verantwortlich?
5. Das Krafttraining weist unter dem Aspekt der Leistungsmotivation sportmedizinisch aktuelle Gefahren und Probleme für den Hochleistungssportler auf.
   a) Interpretieren Sie ausführlich die hier angesprochenen Gefahren und Probleme.
   b) Wie beurteilen Sie aus dieser Perspektive die Zukunft des Leistungssports?
6. Welche Muskelarbeit (Arbeitsform) führt vor allem beim Untrainierten zu einer sehr schnellen lokalen Ermüdung?
   Begründung an einem Beispiel.
7. Welche qualitativen und quantitativen Unterschiede gegenüber dem Mann weist die Frau bei der Kraftentwicklung auf?
8. Interpretieren Sie das Kurvendiagramm der Abb. 11.
9. a) Welche Eigenschaften der Skelettmuskulatur bilden die Grundlage für willkürliche Muskelkontraktionen und ermöglichen damit sportliche Leistungen?
   b) Erläutern Sie die Theorie (chemischer und mechanischer Ablauf) der Skelettmuskelkontraktion.

10. Welche Maximallast kann auf das Schienbein vertikal einwirken? Wie ist diese enorme Belastbarkeit zu erklären?
11. Geben Sie Beispiele für Krafteinsätze bei sportmotorischen Tätigkeiten. Untersuchen Sie, welche Ihrer obengenannten Beispiele auf gradlinige Beschleunigung und welche auf Rotationsbeschleunigung zurückzuführen sind.
12. Beobachten Sie das Krafttraining in einem Sportverein. Beschreiben Sie die Geräte und Maschinen, die dort zum Einsatz kommen. Stellen Sie ein Übungsprogramm für einen Anfänger zusammen. Vergleichen Sie das Krafttraining im Verein mit dem in einem Bodybuilding-Center.
13. Stellen Sie ein spezielles Krafttraining für Frauen zusammen.
14. Referieren Sie über die anatomischen und physiologischen Grundlagen der Muskelkraft der quergestreiften Muskulatur.
15. Referieren Sie über die Methoden der Kraftmessung.
16. Referieren Sie über die isotonische und isometrische Muskelkonzentration (Kurzreferat).

Weiterführende Literatur:

Hettinger, Th.: Muskelkraft und Muskeltraining bei Männern und Frauen; in: Arbeitsphysiologie 15 (1953/54) 201–206. Knebel, K.-P.: Biomedizin und Training (Band 9). Frankfurt/M., 1972. – Murray, A.: Modernes Krafttraining, Berlin, 1977.– Stegemann, J.: Leistungsphysiologie, Stuttgart, 1971. – Zaciorskij, V. M.: Die körperlichen Eigenschaften des Sportlers, Berlin, 1972.

3.4 Das Ausdauertraining

3.4.1 Allgemeine Grundlagen

Im Sport versteht man unter Ausdauer die Widerstandsfähigkeit des Organismus gegen Ermüdung bei lang dauernden Belastungen.

Grundsätzlich kann das Ausdauertraining entweder auf die Entwicklung des Vorbereitungszustandes des Organismus für generelle Ausdaueranforderungen oder auf optimale Anpassung des Sportlers an die spezifische Belastungsanforderung einer Wettkampfdisziplin ausgerichtet sein. Wir sprechen von:

Allgemeiner Ausdauer (Grundlagenausdauer)
Spezieller oder lokaler Ausdauer[1].

Der Begriff *allgemeine Ausdauer* faßt alle Anpassungen des Herz-, Kreislauf- und Atemsystems zusammen, die eine erhöhte maximale Sauerstoffaufnahme ermöglichen und somit die Ausdauerleistung erhöhen.

Unter *spezieller Ausdauer* fassen wir alle Anpassungen zusammen, die dem Muskel bzw. einer bestimmten Muskelgruppe die Fähigkeit verleihen, eine spezifische Wettkampfbelastung möglichst lange durchzuhalten.

Will man trainingsmethodische Konsequenzen für die speziellen Anforderungen in den Sportarten mit Wettkampfcharakter treffen, dann ist es notwendig, die spezifische Belastungsstruktur der Disziplin näher zu bestimmen. Nach HARRE/PFEIFER gibt es fünf Ausdauerfähigkeiten, die die wettkampfspezifische Ausdauer je nach Dauer und Intensität der Trainingsbelastung in den zyklischen bzw. azyklischen Sportarten/Disziplinen charakterisieren:

1. Die *Kurzzeitdauer* ist die Widerstandsfähigkeit gegen Ermüdung beim Zurücklegen einer Strecke, für die der Sportler etwa zwischen 45 Sekunden und 2 Min. benötigt.
   Zuordnung verschiedener Sportarten/Disziplinen:
   Leichtathletik (400 m, 800 m, 1500 m)
   Schwimmen (100 m, 200 m)
   Eisschnellauf (500 m, 1500 m)
   Radsport (100-m-Zeitfahren, Sprint, Tandem)

2. Die *Mittelzeitdauer* ist die Widerstandsfähigkeit gegen Ermüdung beim Zurücklegen einer Strecke, für die der Sportler etwa zwischen 2 und 8 Min. benötigt.
   Zuordnung verschiedener Sportarten/Disziplinen:
   Leichtathletik (2000-m-Hindernis)
   Schwimmen (400 m)
   Eisschnellauf (3000 m, 5000 m)
   Radsport (4000 m)
   Rudern (2000 m)

---

[1] HOLLMANN spricht von lokaler Ausdauer, wenn weniger als $^1/_6$ der gesamten Skelettmuskulatur beansprucht wird. Zaciorskij spricht von lokaler Ermüdung, wenn an der Arbeit weniger als $^1/_3$ der gesamten Skelettmuskulatur beteiligt ist.

3. Die *Langzeitdauer* ist die Widerstandsfähigkeit gegen Ermüdung beim Zurücklegen einer Strecke, für die der Sportler mehr als 5 Min. benötigt.
   Zuordnung verschiedener Sportarten/Disziplinen:
   Leichtathletik (5000 m, 10000 m, Gehen, Marathon)
   Schwimmen (1500 m)
   Eisschnellauf (10000 m)
   Radsport (Etappen-Straßenrennen)
   Skilauf (15 km, 30 km, 50 km)

4. Die *Schnelligkeitsausdauer* (oder „Stehvermögen") ist die Widerstandsfähigkeit gegen Ermüdung bei Belastungen mit submaximaler bis maximaler Reizintensität und überwiegend anaerober Energiegewinnung[1].
   Zuordnung verschiedener Sportarten/Disziplinen:
   Wie unter Kurzzeitdauer; aber zusätzlich bei Sportarten mit homogenen Belastungsverlauf, wie z. B.
   Sportspiele
   Boxen
   Ringen
   Turnen.

5. Die *Kraftausdauer* ist die Widerstandsfähigkeit gegen Ermüdung bei lang anhaltenden Kraftleistungen.

Untersucht man diese Ausdauerfähigkeiten, dann fallen, schon rein zeitlich gesehen Überschneidungen auf. Zum anderen kommt zum Ausdruck, daß ihnen unterschiedliche physiologische und psychologische Vorgänge zugrunde liegen. Die Abb. 15 gibt die zwischen ihnen bestehenden Wechselbeziehungen schematisch wieder:

---

[1] Bei submaximaler Belastungsfrequenz kann die Schnelligkeitsausdauer im Bereich der Kurzzeitausdauer z. B. 400-m-Lauf mit der speziellen Ausdauer gleichgesetzt werden. Im Bereich der Mittelzeitausdauer und der Langzeitausdauer ist sie eine Leistungskomponente der spez. Ausdauer.

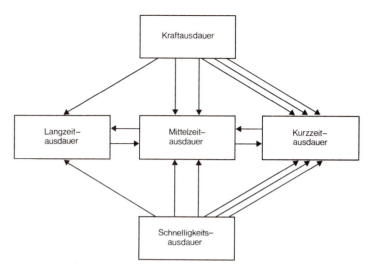

Abb. 15: Ausdauerfähigkeiten und ihre Wechselbeziehungen (nach HARRE, 1973)

3.4.2 Biologische Aspekte im Ausdauertraining

Für das Steigern der Ausdauerleistung ist die Verbesserung der vegetativen Funktionen am wichtigsten, weil die Dauer der Arbeitsfähigkeit der Muskulatur weitgehend vom Sauerstoff- und Nährstoffantransport und damit von der Blutzufuhr abhängig ist.

Als Beispiel soll uns das ein kleines Experiment verdeutlichen[1]: Mit Hilfe eines Finger-Ergographen können wir den Arbeitsweg des Fingerbeugers aufzeichnen. Der Finger zieht über eine Rolle ein Gewicht von 1 kg. Die gleichbleibenden Zeigerausschläge geben einen konstanten Hub wieder, der Muskel zeigt noch keine Ermüdung. Erst bei länger dauernder Arbeit wird durch Anhäufung von Stoffwechselprodukten im Muskel die Ermüdung eintreten. Indem wir die Blutzufuhr sperren, führen wir diesen Zustand künstlich schneller herbei: An den rasch geringer werdenden Ausschlägen zeigt sich die

---

[1] Im Unterrichtsfilm: „Motorische Grundeigenschaften", DR. P. RÖTHIG, Frankfurt/Main.

zunehmende Ermüdung. Wird dann die Blutzufuhr wieder freigegeben, gehen die Ermüdungserscheinungen zurück.

Wir sehen an diesem Beispiel, daß die Durchblutung des Muskels und damit die Sauerstoffversorgung eine wesentliche Voraussetzung der Ausdauer darstellt.

Beim Ausdauertraining paßt sich deshalb der Organismus durch Vermehrung der Anzahl der Kapillaren im Muskel an.

Die größere Blutmenge, die zur arbeitenden Muskulatur fließen muß, wird vom Herz ausgeworfen. Dementsprechend verändert sich auch das Herz durch die entstandene höhere Belastung. Es vergrößert sein Volumen, die Hohlräume erweitern sich, und der Herzmuskel (vor allem linker Herzkammermuskel) wird dicker *(Sportherz)*. Die Zunahme des Herzvolumens ermöglicht einen größeren Blutauswurf pro Herzschlag *(Schlagvolumen)* und stellt eine Reserve dar, die den Kreislauf bei der Arbeit sofort zur Verfügung steht (Sofortdepot). Das größere Herzschlagvolumen/min. *(HMV)* eines Dauerleistungssportlers verursacht in Ruhe auch ein Absinken der Herzschlagzahl (Schlagfrequenz), eventuell bis auf 40 pro Minute. Das Herz arbeitet in Ruhe durch Verringern der Schlagfrequenz und Erhöhen des Schlagvolumens weit ökonomischer und hat dadurch bei Belastung größere Leistungsreserven.

Dem gesteigerten Sauerstoffverbrauch paßt sich auch der gesamte Atemmechanismus an. Durch das Ausdauertraining kann eine Vergrößerung der *Vitalkapazität* der Lunge von normal 3,5–4 l auf 6–7 l erreicht werden.

Die eben erwähnten Anpassungsvorgänge zur Ökonomisierung der vegetativen Funktionen werden noch erweitert durch die günstigeren Abgabemöglichkeiten der beim Stoffwechsel entstehenden Wärme durch Schwitzen.

Darüber hinaus verbessert sich auch das Zentralnervensystem durch das Ausdauertraining seine Funktionen. Die *Bewegungskoordination* innerhalb der Agonisten und zwischen Agonisten und Antagonisten wird optimal geregelt. Die Impulse von den motorischen Zellen zur Muskulatur werden in regelmäßigem Rhythmus mit nicht allzuhoher Frequenz abgegeben. Außerdem wechseln sich je nach der Stärke der Belastung sowohl Nervengebiete als auch Muskelfasern in der Arbeit ab (asynchrone Tätigkeit), so daß die Übung über lange Zeit ausgeführt werden kann.

Eine wesentliche Rolle für die Ausdauerfähigkeit spielt die *Sauerstoff-*

schuld. Wir wollen dazu den unterschiedlichen Sauerstoffverbrauch an zwei Beispielen aus der Sportpraxis gegenüberstellen:

a) Ein Kurzstreckenläufer sprintet die 200 m in 23,6 s, so hat er eine Geschwindigkeit von 8,47 m/s. In dieser Zeit kann der Läufer jedoch nur 6% der benötigten Sauerstoffmenge aufnehmen. Die restlichen 94% kommen zunächst aus dem Energievorrat des Blutes und der Zellen. Er geht also eine Sauerstoffschuld ein.

b) Ein 1000-m-Läufer dagegen, der die Strecke in 33:13,6 Min. zurücklegt, erreicht nur eine Geschwindigkeit von 5,07 m/s. Dabei kann er 87% der benötigten Sauerstoffmenge durch Atmung decken. Er geht also nur eine Sauerstoffschuld von 13% ein. Wir sagen, seine Arbeit erfolgt unter aeroben Bedingungen.

Was ist nun eigentlich die Sauerstoffschuld?

Zu Beginn einer sportlichen Leistung entsteht ein Sauerstoffdefizit, weil der Körper mit der nur langsam anlaufenden Sauerstoffaufnahme den plötzlich auftretenden Sauerstoffbedarf nicht decken kann. Bei länger dauernden Leistungen – z.B. beim Langstreckenlauf – erreicht der Körper einen Gleichgewichtszustand zwischen Sauerstoffaufnahme und Sauerstoffbedarf (steady state). Dieses Gleichgewicht äußert sich in gleichbleibenden Puls-, Blutdruck- und Atemwerten. Der Organismus arbeitet dann unter aeroben Bedingungen. Der Sprinter verbleibt wegen der geringen Arbeitszeit immer im Bereich des Sauerstoffdefizits, d. h. er arbeitet unter *anaeroben Bedingungen*. Nach Beendigung der Leistung wird sein Sauerstoffdefizit als Sauerstoffschuld nachgearbeitet (s. Abb. 16). Die Größe der Sauerstoffschuld, die ein Sportler eingehen kann, ist ein wichtiges Leistungskriterium. Sie ist trainierbar. Hochleistungssportler können ein Sauerstoffdefizit bis zu 20 l eingehen.

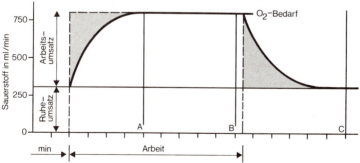

Abb. 16: Eingehen und Deckung der Sauerstoffschuld bei leichter Arbeit (nach KEIDEL).

3.4 Das Ausdauertraining

Von *aerober Ausdauer* sprechen wir, wenn die Sauerstoffaufnahme stets dem Sauerstoffbedarf entspricht (steady state). Es entsteht bei der Sportausübung keine sich laufend erhöhende Sauerstoffschuld.

Dagegen wird die *anaerobe Ausdauer* durch das Eingehen einer Sauerstoffschuld gekennzeichnet, die während der Trainingsbelastung ständig zunehmen kann.

Zur Erklärung der physiologischen Unterschiede zwischen aerober und anaerober Ausdauer kann folgende Übersicht beitragen:

Physiologische Charakteristika	Leistungen unterschiedlicher Intensität			
	Intensität			
maximale Arbeitszeit	maximale unter 20 s	submaximale 20 s –5 Min.	hohe 5–30 Min.	gemäßigte über 30 Min.
Energieverbrauch in kJ/s	16,75	16,75–2,09	2,09–1,67	1,26
Gesamtenergieverbrauch in kJ	unter 334,94	628,02	3140,1	bis zu 41868
durchschnittlicher Sauerstoffverbrauch während der Arbeitszeit	gering	nähert s. d. Maximum	maximal	unter dem Maximum
Verhältnis von Sauerstoffverbrauch zu Sauerstoffbedarf	unter 1:10	1:3	5:6	1:1
Sauerstoffschuld	unter 8 l	18 l	unter 12 l	unter 4 l
Milchsäuregehalt im Blut in mg je 100 g (mg%)	unter 100	bis zu 200	100–50	zu Beginn der Arbeit gering — später auf Ruheniveau
Lungenventilation in l/Min.	unter 50	100–150	100–150	unter 100
Minutenvolumen des Blutes	unter dem Maximum	nähert s. d. Maximum	maximal	unter dem Maximum
Zuckergehalt im Blut	normal oder erhöht	normal oder erhöht	normal	gesenkt

3.4.3 Die Methoden des Ausdauertrainings mit entsprechenden Übungsbeispielen

Im wissenschaftlichen Bereich der Methodenforschung zum Training sind immer noch viele Probleme offen und ungelöst. Das gilt besonders für das Ausdauertraining. Die Fragen nach der Entwicklung von aerober und anaerober Ausdauerfähigkeit rufen bei vielen Trainern noch große Unsicherheiten hervor. Deshalb können wir bei der folgenden Beschreibung der heute praktizierten Trainingsmethoden keine Patentrezepte erwarten, sondern müssen als Trainer auf empirischem Wege versuchen, für jeden einzelnen Sportler die günstigsten Trainingsformen zum richtigen Zeitpunkt auszuarbeiten.

Eine Analyse des 10000-m-Laufes von Helsinki (Europameisterschaften 1971) kann uns z. B. einige Hinweise auf die Schwierigkeiten beim Einsatz geeigneter Methoden für das Ausdauertraining liefern (s. Abb. 17). Natürlich läßt sich dieses Laufbild nicht verallgemeinern. Jedes Rennen läuft anders, und in anderen Sportarten gibt es noch weitere Ausdauerkriterien. Dennoch glauben wir, daß sich aus den Anforderungen in diesem Rennen interessante Folgerungen für die Trainingsmethodik ableiten lassen.

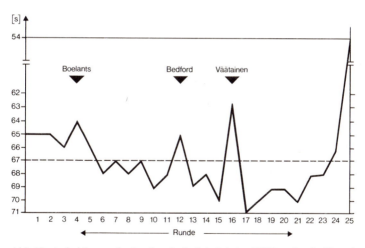

Abb. 17: Aufzeichnung der Laufgeschwindigkeit beim 10000-m-Lauf während der Europameisterschaften 1971 in Helsinki (nach KNEBEL, 1972) Endzeit: 27:52 Min., Sieger: Väätainen, ▼ = Zwischenspurt

Die Analyse dieses Laufes zeigt uns, daß nur zweimal (7. und 9. Runde) das für eine Endzeit von 27:52 Min. notwendige ökonomische Rundenmittel von 67 s gelaufen wurde. Die schnellste Runde (25.) wurde in 53,9 s, die langsamste (17.) in 71 s zurückgelegt.
Die ständigen Temposchwankungen und die damit verbundenen Positionswechsel unterstreichen z. B., daß die Endzeit von 27:52 kaum ausschließlich auf ruhiger Dauerlaufarbeit basieren kann. Eine derartige Leistung ist nicht nur allein mit intensiven Langläufen (300 km/Woche), sondern vor allem durch Laufen im Fahrtspiel und mit Intervalltempoläufen zu erreichen.

Das Ausdauertraining kann demzufolge in verschiedene Methoden unterteilt werden:
1. Dauerleistungsmethoden
2. Intervallmethode.

Die Dauerleistungsmethoden haben gegenüber der Intervallmethode gewisse Vorteile. Aus Gesundheitsgründen eignen sie sich vor allem für Untrainierte (also Anfänger) bzw. „Trimm Dich Sportler". Sie fördern neben einer beschleunigten Verbesserung des Kreislauf- und Atemsystems besonders die Stabilisierung des vegetativen Nervensystems. Der Sportler entwickelt seine Form langsamer, erreicht aber insgesamt eine gefestigtere Ausdauerform.

1. Dauerleistungsmethoden

Nach HARRE rechnen wir die Kontinuierliche Methode, die Tempowechselmethode und das Fahrtspiral zu den Dauerleistungsmethoden.

a) *Die Kontinuierliche Methode*

Hier wird das Prinzip der Dauerleistung schon im Wortlaut sehr gut erkennbar. Es handelt sich stets um längere Belastungen, die nicht durch Pausen unterbrochen werden. Dabei nimmt die Ermüdung ständig zu und die Gesamtbelastung auf den Organismus wird dadurch immer größer. Erst bei völliger Erschöpfung wird die Arbeit abgebrochen. Das können wir durch folgende Graphik allgemein verdeutlichen (s. Abb. 18).
Bei der Kontinuierlichen Methode müssen gegenüber den anderen Methoden zwei Belastungsmerkmale besonders hervorgehoben werden:
Die Reizstärke ist relativ niedrig (25–50 % des maximalen Leistungsver-

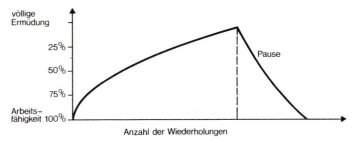

Abb. 18: Schema der Kontinuierlichen Methode (nach SCHMOLINSKY, 1974)

mögens); das entspricht einer Pulsfrequenz von 130–150 S/Min[1]. Der Reizumfang soll bei Nachwuchssportlern nicht unter 30 Minuten liegen. Bei Hochleistungsathleten sind sogar Trainingsumfänge von 3–5 Stunden möglich.

Bei dieser Methode ist die Gefahr gegeben, daß sich durch eine gleichbleibende Gesamtbelastung ein *Stereotyp* der Organfunktionen (PAWLOW) herausbildet. Deshalb muß bei längerem Training nach dieser Methode die Reizintensität ständig langsam erhöht werden. In der Praxis hat sich auch ein gemischtes Training (Dauermethode + Intervallmethode) bewährt.

b) *Die Tempowechselmethode*

Diese Methode wird durch das planmäßige Variieren der Fortbewegungsgeschwindigkeit (Reizstärke) ohne Erholungspause charakterisiert. Nach jeder Tempoerhöhung entsteht kurzfristig eine Sauerstoffschuld (anaerobe Belastung), die in den Phasen geringerer Intensität (unterhalb des steady state) mit aeroben Mitteln teilweise oder vollständig wieder kompensiert wird. Auf diese Weise kann ein Langstreckenläufer sich eine gute Spurtfähigkeit antrainieren, die wir ja z. B. bei dem Sieger des 10 000-m-Laufes von Helsinki erkennen konnten.

c) *Das Fahrtspiel*

Das Fahrtspiel wurde von dem schwedischen Lauftrainer Gösse Holmer um 1930–1940 entwickelt. Im wörtlichen Sinne handelt es sich hier um ein Spiel mit der Geschwindigkeit. Der Sportler (Läufer, Ruderer, Schwimmer u. a.) ändert dabei die Geschwindigkeit (Reizstär-

---

[1] HOLLMANN konnte im Labor eine größere Effektivität bei Pulsfrequenzen von 170–180 S/Min als bei 150 S/Min nachweisen.

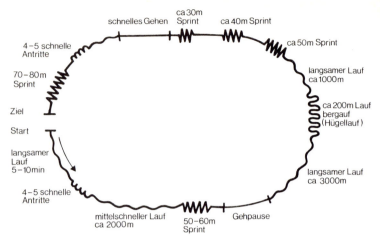

Abb. 19: Schema eines Fahrtspiels (Mittelstrecke)

ke) je nach individuellem Befinden oder z. B. Geländebedingungen (Abb. 19).

Der Unterschied zur Tempowechselmethode liegt darin, daß hier der Spielcharakter gegenüber einem festprogrammierten Wechsel der Geschwindigkeit betont wird.

2. Die Intervallmethode

Der Sinn des Intervallprinzips besteht darin, einen höheren Arbeitssummenwert als beim Dauerleistungstraining zu erzielen; d. h. großer Umfang verbunden mit hoher Intensität.
Da im Intervalltraining stärkere Reize auf den Organismus eintreffen, als im Dauerleistungstraining, wird eine Ausdauerfähigkeit schneller erreicht. Das Intervalltraining kann vorwiegend die lokale bzw. spezielle Muskelausdauer herausbilden.
„Das Ausdauertraining nach dem Intervallprinzip umfaßt alle Trainingsmethoden, die einem planmäßigen Wechsel von Belastungs- und Erholungsphasen unterworfen sind. (vgl. Abb. 20). Die Pausen dienen nicht zur vollständigen Erholung ('lohnende Pause')[1]. Die neue

---

[1] s. auch Seite 78 und 80.

Abb. 20: Schema der Intervallmethode (nach SCHMOLINSKY, 1974)

Belastung muß einsetzen, wenn die Pulsfrequenz von etwa 120–130 pro Minute erreicht ist, also im Stadium der unvollständigen Wiederherstellung[1]".

Es gibt viele Variationsmöglichkeiten im Intervalltraining, auf die wir hier nicht näher eingehen. Wir wollen exemplarisch die *intensive Intervallmethode* herausgreifen.

Grundsätzlich können wir dazu folgende *Belastungsmerkmale* angeben:

a) Die Reizstärke liegt bei 70–90% des maximalen Leistungsvermögens

b) Die Reizdauer darf etwa 60–70 Sek. lang sein (bei Kraftübungen natürlich entsprechend geringer).

c) Der Reizumfang beträgt 20–30 Wiederholungen oder 3 Serien zu je 10 Wiederholungen.

d) Die Reizdichte weist viele Wiederholungen mit „Lohnender Pause" von 2–3 Min. auf.

Die intensive Intervallmethode ist in den Sportarten anwendbar, in denen die aerobe Ausdauer eine untergeordnete Rolle spielt. Sie bereitet den Organismus vielmehr auf hohe Belastungen unter anaeroben Bedingungen vor. Deshalb dominiert sie z. B. im Training der 100–400-m-Läufer.

Übungsbeispiele

1. Leichtathletik (Lauf):
   Geplant sind 30 Tempoläufe (Reizumfang) über 200 m in jeweils 26–30 s (Reizdichte). Man kann diese Läufe in verschiedene Serien aufteilen, z. B. in drei Serien zu 10 Läufen.

[1] HARRE: Trainingslehre, Berlin (Ost), S. 155 (1973).

A: 30 Min. Einlaufen mit Gymnastik
B: 1. Serie:
10 x 200 m Lauf in 30 s.
Pause 120 s Traben
Serienpause 3 Min. Traben
2. Serie:
10 x 200 m in 26 s
Pause 150 s Traben
Serienpause 3 Min. Traben
3. Serie:
10 x 200 m in 28 s
Pause 130 s Traben
C: 15 Min. Auslaufen.

2. Der COOPER-Test (nach KENNETH COOPER aus „Bewegungstraining"): Vorgehen und Bewertung: Man läuft am besten auf einer gut meßbaren Strecke, also auf einer Aschenbahn oder einer Rundstrecke. In der Zeit von 12 Min. soll eine möglichst weite Strecke zurückgelegt werden. Wenn man den zurückgelegten Weg errechnet hat, kann man in der untenstehenden Tabelle den „allgemeinen Konditionszustand" ablesen. Niemand sollte dabei auf Höchstleistungen aus sein, sonst wird der Test zum Wettstreit. Das kann man dann später machen, wenn sich beim COOPER-Test herausgestellt hat, daß die Kondition auch nach 12 Min. noch „große Sprünge" zuläßt.

Bewertung für Männer:

Kondition	bis 30 J.	30–39 J.	40–49 J.	50 J.
sehr gut	2800	2650	2500	2400
gut	2400	2250	2100	2000
befriedigend	2000	1850	1650	1600
mangelhaft	1600	1550	1350	1300
ungenügend	weniger Meter als bei mangelhaft			

Bewertung für Frauen:

Kondition	bis 30 J.	30–39 J.	40–49 J.	50 J.
sehr gut	2600	2500	2300	2150
gut	2150	2000	1850	1650
befriedigend	1850	1650	1500	1350
mangelhaft	1550	1350	1200	1050
ungenügend	weniger Meter als bei mangelhaft			

Bewertung für männl. Jugendliche

Kondition	11 J.	12 J.	13 J.	14 J.	15 J.	16 J.
ausgezeichnet	2800	2850	2900	2950	3000	3050
sehr gut	2600	2650	2700	2750	2800	2850
gut	2200	2250	2300	2350	2400	2450
befriedigend	1800	1850	1900	1950	2000	2050
mangelhaft	1200	1250	1300	1350	1400	1450
ungenügend	weniger als bei mangelhaft					

Mädchen in allen Klassen etwa 200 m weniger als Jungen.

Zusammenfassend wollen wir Trainingsziele, Trainingsmethoden und Trainingsbelastung im Ausdauertraining in einer Übersichtstabelle darstellen (nach JÄGER/OELSCHLÄGER).

Trainingsziel	Trainingsmethode	Belastung	
		Umfang	Intensität
Langzeitausdauer	vorwiegend Dauerleistungsmethode	groß: z.B. lange Dauerläufe (bis 35 km)	mittel: 3–4 m/s 40–60% der Bestleistung
	Intervallmethode	lange Tempowechselläufe (400–1600 m)	hoch: 80–95% der Bestleistung
Mittelzeitausdauer	Dauerleistungsmethode	groß: z.B. Dauerläufe (15–20 km)	mittel: 3–4 m/s
	Intervallmethode	mittel z.B. 30 Sprints (100 m)	hoch: 80–95% der Bestleistung
Kurzzeitausdauer	vorwiegend Intervallmethode	gering: z.B. kurze Sprints (20–50 m)	hoch: 90–100% der Bestleistung
	Dauerleistungsmethode (Fahrtspiel)	individuell	individuell

3.4 Das Ausdauertraining

3.4.4 Fragen und Aufgaben

1. Innerhalb einer Trainingseinheit hängt der Trainingseffekt entscheidend von der Länge der Pause ab.
   a) Welche Bedeutung hat die Pause zwischen den einzelnen Trainingsreizen?
   b) Wie verfährt man in der Trainingspraxis zur zeitlichen Bemessung der Pause?
2. Multiple-Choice-Test:
   Das Training der Dauerleistungsmethode beinhaltet
   a) eine kontinuierlich pausenlos anwachsende Belastung bis zur Leistungsgrenze unter vorwiegend aeroben Bedingungen (steady state),
   b) den planmäßigen Wechsel von Belastungs- und Erholungsphasen,
   c) das „Spielen" mit Geschwindigkeit mit lang anhaltenden Belastungsphasen.
3. Systematisches Ausdauertraining bewirkt Anpassungserscheinungen von Herz und Kreislaufsystem.
   a) Was versteht man unter dem Begriff Ausdauertraining?
   b) Welche Methoden zur Verbesserung von Ausdauerleistungen unterscheidet man?
   c) Welche dieser Methoden müßten Sie als hauptsächliche Trainingsmethode für den Langstreckenlauf zugrunde legen, um eine möglichst große Leistungssteigerung zu erreichen? Begründen Sie Ihre Entscheidung.
   d) Erklären Sie die ausgewählte Trainingsmethode.
4. Das Ausdauertraining soll im Rahmen des Sportunterrichtes der Gymnasien angewandt werden.
   a) Müßte man dieses Trainingsprinzip auf die Oberstufe beschränken oder könnte man es in allen Altersstufen einsetzen? Begründen Sie Ihre Stellungnahme.
   b) Welche besonderen Probleme ergeben sich beim Training Jugendlicher mit der Ausdauermethode?
5. a) Vergleichen Sie die Dauerleistungsmethode mit der Wiederholungsmethode. Erläutern Sie die wichtigsten Unterschiede in den Belastungsmerkmalen.
   b) Welche motorischen Grundeigenschaften können mit den obengenannten Trainingsmethoden besonders verbessert werden? Begründen Sie ihre Aussage.

6. a) Welche Trainingsmethode würden Sie als Leichtathletik-Trainer zur Entwicklung von allgemeiner Ausdauer bei Jugendlichen (Alter 10–14 Jahre) bevorzugen?
   b) Beschreiben Sie die Belastungsfaktoren und begründen Ihre Wahl. Welche Leistungskontrollen können Sie zur Überprüfung dieser Ausdauerfähigkeit durchführen?
7. a) Welche Trainingsprinzipien und -methoden lassen sich anwenden, um aerobe und anaerobe Ausdauer zu fördern?
   b) Warum ist für den reinen Ausdauersportler Krafttraining nicht nötig, eventuell sogar leistungsmindernd?
8. a) Schildern Sie die Funktion von Blut und Blutkreislauf während einer sportlichen Ausdauerleistung.
   b) Wie wirkt sich Ausdauertraining auf Blut und Blutgefäßsystem aus?
   c) Welche Vorgänge im Muskel führen zur lokalen Ermüdung?
   d) Beschreiben Sie die Zusammenhänge zwischen lokaler und zentraler Ermüdung.
   e) Welche Rolle spielt das Blut in der Erholungsphase?
9. Es besteht ein enger Zusammenhang zwischen sportlichem Training, Verbesserung der Atmung und sportlicher Leistungssteigerung.
   a) Welche Auswirkungen zeigt sportliches Training auf die Atmung?
   b) In welchen Sportarten hat das Höhentraining Einfluß auf die sportliche Leistung?
      Begründen Sie Ihre Aussage mit biologischen Fakten.
   c) Weshalb sollte besonders bei Ausdauersportarten durch die Nase eingeatmet werden?
10. Schildern Sie die energieliefernden Stoffwechsel-Prozesse, die bei einer Ausdauerleistung im Muskel entscheidend beteiligt sind.
11. Diskutieren Sie anhand der Tabelle auf S. 62 über die physiologischen Unterschiede von aerober und anaerober Ausdauer.
12. Stellen Sie die Intervallmethode graphisch dar. Als Vorlage kann Ihnen dabei z. B. die Abb. 19 dienen.
13. Stellen Sie ein Laufdiagramm eines Mittelstreckenlaufes in Anlehnung an Abb. 18 auf. Zur Auswertung stehen Ihnen z. B. Ihre Mitschüler im Schwerpunktfach Leichtathletik oder die Teilnehmer einer Neigungsgruppe der Schule bzw. eines Vereins zur Verfügung.
14. Überprüfen Sie Ihre Ausdauerfähigkeit nach dem COOPER-Test-Verfahren. Vergleichen Sie Ihr Ergebnis mit entsprechenden Lei-

stungswerten der leichtathletischen Mehrkampflisten (z. B. 3000-m-Lauf). Wie würden Sie hier abschneiden?

Weiterführende Literatur:

Hollmann, W.: Zentrale Themen der Sportmedizin, Berlin, 1972. – Knebel, K.-P.: Biomedizin und Training. Frankfurt/M., 1971. – Nett, T.: Modernes Training weltbester Mittel- und Langstreckler, Berlin, 1977. – Nöcker, J.: Die biologischen Grundlagen der Leistungssteigerung durch Training, Schorndorf, 1971. – Zaciorskij, V. M.: Die körperlichen Eigenschaften des Sportlers, Berlin, 1972.

3.5 Das Schnelligkeitstraining

3.5.1 Allgemeine Grundlagen

Schnelligkeit ist definiert als die Fähigkeit, sich mit höchstmöglicher Geschwindigkeit fortzubewegen.

Als Prototyp der Schnelligkeit gilt der Sprinter, der in einer möglichst kurzen Zeitspanne eine bestimmte Strecke durchläuft. Die Schnelligkeit spielt aber nicht nur in den leichtathletischen Disziplinen wie Sprint, Sprung, Wurf und Stoß, sondern auch in den Sportarten wie Boxen, Radfahren, Schwimmen und Sportspiele, die alle schnelle und schnellkräftige Bewegungen verlangen, eine leistungsentscheidende Rolle.
Die Schnelligkeit hängt vom Entwicklungszustand folgender Teilkomponenten ab (FETZ, 1972):

1. *Die Reaktionsschnelligkeit* (Latenzzeit)
   Die Reaktionsschnelligkeit ist bestimmt durch die Zeitspanne zwischen Reizgebung und motorischer Reaktion. Sie ist grundsätzlich vom Nerventyp eines Menschen abhängig und somit eine angeborene Eigenschaft, die kaum trainierbar ist. Sie kann nur indirekt über eine Verbesserung der Bewegungskoordination beeinflußt werden. Besonders deutlich läßt sich die unterschiedliche Reaktionsschnelligkeit bei einem 100-m-Start erkennen. Dazu messen wir den Zeitunterschied zwischen dem Startschuß und der ersten Reaktion des Läufers. Die auftretende Zeitspanne liegt zwischen 0,15 und 0,3 s.

2. *Die Aktionsschnelligkeit*

Die Aktionsschnelligkeit betrifft die Schnelligkeit der Bewegungsausführung. Bei zyklischen Bewegungsabläufen (Lauf) kommt es auf die schnelle Wiederholung der Schritte, also die Frequenz der Bewegung an. Handelt es sich um eine Einzelbewegung, z. B. explosive Armstreckung beim Kugelstoß, so wird ihre Ablaufgeschwindigkeit ebenfalls durch den Begriff Aktionsschnelligkeit erfaßt.

3. *Schnelligkeitsdauer*

Selbst in ausgesprochenen Schnelligkeitsdisziplinen (z. B. 100-m-Sprint) wird die Wettkampfleistung zu einem gewissen Prozentsatz auch von Ausdauerfähigkeiten bestimmt. Die Fähigkeit, über eine ganze Strecke mit nahezu maximaler Schnelligkeit zu rennen, bezeichnet man als „Schnelligkeitsausdauer". Allerdings ist es äußerst schwierig z. B. im 100-m-Lauf die maximale Geschwindigkeit, die nach etwa 20–50 m erreicht wird, bis ins Ziel zu halten.

Bevor wir die Methoden zur Entwicklung dieser Teilkomponenten erläutern, wollen wir uns zunächst noch den folgenden leistungsbestimmenden Faktoren bzw. Voraussetzungen der Schnelligkeit zuwenden:

a) neuronale Faktoren
   (Bahnung und Hemmung von Nervenprozessen)
b) Muskelelastizität
c) biochemische Prozesse
d) Willenskraft
e) Schnellkraft
f) Qualität der sportlichen Technik.

Von diesen Voraussetzungen sind die Muskelelastizität, die biochemischen Prozesse und die Willenskraft (Faktoren b–d) nicht oder nur in beschränktem Umfang durch Training beeinflußbar, weil sie zu den Erbanlagen gehören. Gerade deshalb müssen wir diese Faktoren aber in die folgende Charakterisierung miteinbeziehen. Betrachten wir zuerst die rein physiologischen Grundlagen der Schnelligkeit (Faktoren a–c).

a) *Neuronale Faktoren*

Die Schnelligkeit der Muskelkontraktionen ist sowohl von der Struktur der Muskelfasern als auch vom Wechsel zwischen Bahnung und Hemmung im Nervensystem abhängig. Es kommt darauf an, wie schnell eine Bewegung vom zentralen Nervensystem, speziell von der vorderen Zentralwindung der Großhirnrinde, in die Peripherie (motorische Endplatte) umgesetzt werden kann. Dabei muß auch die Faserdicke der

Leitungsbahnen berücksichtigt werden. Die Reaktionszeit ist dem Sportler, wie wir bereits festgestellt haben, größtenteils angeboren. Von manchen Sprintern ist bekannt, z. B. ARMIN HARY, daß sie in den Startschuß hineinfallen, das heißt sofort antreten können, wenn der Schuß fällt. Außer der Erregungsleitungsgeschwindigkeit ist aber auch der Erregungszustand des Nervensystems sehr bedeutsam. Wir kennen ja unterschiedliche Reaktionszeiten im hellwachen oder schlaftrunkenen Zustand. Im Vorstartzustand, in dem der Organismus unter dem leistungsfördernden Einfluß des sympathischen Nervensystems steht, ist die Reaktionszeit kürzer als normalerweise.

Ein UWE SEELER im Fußball überlegt bei einer ankommenden Flanke nicht erst, wie er darauf reagiert, sondern er wird seine unbewußt ablaufenden Wahrnehmungen in die Tat umsetzen. Eine gute Koordination ist dafür Voraussetzung. Unser Nervensystem kann Sinneseindrücke sofort verarbeiten und in eine Reaktion umsetzen. Darüber hinaus spielt das Reflexverhalten eines Sportlers für seine Schnelligkeit eine große Rolle. Reflexbewegungen sind im Sport oft siegentscheidend. Denken wir z. B. an die Reaktionen eines Fußball- oder Hallenhandballtorwartes. Aber auch der Boxer nimmt, wenn er den Schlag des Gegners schon im Ansatz kommen sieht, unmittelbar darauf eine abwehrende Körperhaltung ein. Eine Reflexbewegung kann über unbedingte und bedingte Reflexe als Reiz-Reaktionsverbindung erfolgen. Die dauernde Wiederholung eines Bewegungsablaufes schafft physiologisch die Reflexbahnung. Die Bewegung wird dadurch automatisiert und läuft deshalb rascher ab. Ein Sprinter, dem vom Nerventyp her ein sehr schnelles Reaktionsvermögen fehlt, kann durch eine Reflexbahnung seines Bewegungsablaufes (Trainingsfleiß), d. h. durch einen ökonomischen Einsatz seiner Muskulatur, diesen Mangel nahezu kompensieren.

b) *Muskelelastizität*

Für eine hohe Bewegungsfrequenz (Aktionsschnelligkeit) sind Dehnbarkeit, Elastizität und Entspannungsfähigkeit der Muskulatur enorm wichtig. Sind diese Eigenschaften ungenügend entwickelt, so kann die erforderliche Bewegungsamplitude nicht erreicht werden. Die Lockerheit der Muskulatur ist zwar vom Nerventyp eines Sportlers weitgehend abhängig; dennoch bleiben Dehn- und Entspannungsübungen im Schnelligkeitstraining nicht ohne Wirkung. Sie fördern zudem die Durchblutung und damit die Erholung des Muskels.

c) *Biochemische Prozesse*

Das Erwärmen bzw. Warmmachen vor dem Training oder Wettkampf beschleunigt den Stoffwechsel und den Ablauf der Nervenprozesse. In warmer Umgebung werden deshalb meist bessere Schnelligkeitsleistungen erzielt als bei kühler. Die Muskulatur paßt sich an das Schnelligkeitstraining durch Erhöhen der ATP-, Kreatinphosphat- und Glykogengehaltes an. Diese Substanzen sind wichtige Faktoren beim Stoffwechsel und ermöglichen bei ausreichender Menge ein zeitweises Arbeiten des Muskels ohne Nachschub. Darüber hinaus wird als Anpassungserscheinung die Pufferkapazität des Blutes vergrößert. Die vermehrten Alkalireserven (z. B. Natriumkarbonat) halten die Wasserstoffionenkonzentration (pH-Wert zwischen 7,35 und 7,40) im Blut länger konstant. Das ist deshalb von großer Bedeutung, weil die Muskulatur hier vorwiegend anaerob arbeitet und die dadurch anfallenden sauren Stoffwechselprodukte (Milchsäure) durch die verbesserten Pufferungsvorgänge erheblich länger neutralisiert werden können.

d) *Willenskraft*

Eine starke Willenskraft ist vor allem bei solchen Schnelligkeitsübungen erforderlich, bei denen kein direkter äußerer Reiz auf den Sportler einwirkt, z. B. im Sprinttraining. Hier müssen äußere Reize in Form von genauer Zeitmessung, Wettkampf mit Gegner, mit besonderen Aufträgen (Vorsprung einholen) u. a. geschaffen werden. Bei anderen Sportdisziplinen, z. B. Kugelstoß oder Hochsprung gibt es dagegen keine nennenswerten Schwierigkeiten, die Willenskraft zu mobilisieren.

e) *Schnellkraft*

Über die Schnellkraft wurde schon im Kapitel „Krafttraining" gesprochen. Sie hat einen bedeutenden Einfluß auf die Geschwindigkeit der Bewegungsabfolge und auf die Abdruckkraft bei Sprint- und Sprungübungen. Ein Beispiel für unterschiedlich große Schnellkraft kann ein Dynamogramm beim Hochsprung verdeutlichen (s. Abb. 21). Wir vergleichen in der Graphik (Abb. 21) zwei Springer von etwa gleicher Konstitution. „A" ist ein Spitzensportler – „B" ein relativ Ungeübter.

Die von den Springern ausgeübte Druckwirkung auf die Absprungstelle wird über einen Oszillographen als Kurve sichtbar gemacht. Das Abdruck-Dynamogramm des Spitzensportlers zeigt einen steilen Kurvenverlauf. Verglichen damit zeigt sich im flachen Anstieg der Kurve des Anfängers, daß das Kraftmaximum hier später erreicht wird und auch kleiner ist.

Der Spitzensportler erreicht sein Kraftmaximum also wesentlich schneller und das Maximum der Kraft liegt wesentlich höher. Er ist also schnell-kräftiger.

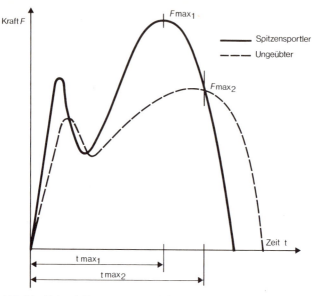

Abb. 21: Abdruck-Dynamogramm. Die Kurvenläufe zeigen das reale Dynamogramm eines Spitzensportlers und eines Anfängers. Beide Hochspringer haben etwa gleiches Gewicht und gleiche Größe (nach RÖTHIG, 1977)

f) *Qualität der sportlichen Technik*

Abschließend wollen wir noch kurz auf die Bedeutung der sportlichen Technik für Schnelligkeitsübungen hinweisen. Bei allen Schnelligkeitsübungen muß eine technisch richtige Ausführung gewährleistet sein. Eine falsche und insbesondere unökonomische Bewegungstechnik wirkt sich auf die Schnelligkeit negativ aus. Dagegen kann die Schnelligkeitsarbeit durch einen ausgeprägten Antagonismus sowie durch stabilisierte Bewegungsabläufe (Stereotype) positiv unterstützt werden.

3.5.2 Die Methoden des Schnelligkeitstrainings mit entsprechenden Übungsbeispielen

Im Schnelligkeitstraining werden die Wiederholungsmethode, Tempowechselmethode und die Intervallmethode eingesetzt. Die Methoden wurden bereits erläutert. In Verbindung mit diesen Methoden können spezifische Übungsschwerpunkte treten, die die drei wesentlichen Teilkomponenten der Schnelligkeit (Reaktionsschnelligkeit, Aktionsgeschwindigkeit, Schnelligkeitsausdauer) gezielt entwickeln und verbessern helfen.

1. Methoden zur Entwicklung von Reaktionsschnelligkeit[1]

Wir haben eingangs darauf hingewiesen, daß eine Verbesserung der Reaktionsschnelligkeit nur indirekt durch Steigerung der Konzentrationsfähigkeit und Förderung der Koordinationsfähigkeit möglich ist, weil die individuell bedingten neurophysiologischen Mechanismen durch äußere Einflüsse kaum veränderbar sind. Trotzdem kann die Schnelligkeit der Bewegungsreaktion in gewissen Grenzen gesteigert werden. Faktisch handelt es sich um die Verbesserung von Hundertstel-, manchmal auch Zehntelsekunden.

Die bekannteste Methode ist ein wiederholtes, möglichst schnelles Reagieren auf ein plötzliches Signal oder auf eine andere Veränderung der Umwelt. In der Praxis werden dazu wiederholt Tiefstarts mit Kommando geübt oder Reaktionen auf eine optisch signalisierte Veränderung der Bewegungsrichtung bzw. auf einen vorher bekanntgegebenen Schlag des Gegners beim Boxen. Verschiedene Bewegungs- und Sportspiele, besonders Basketball, sind ebenfalls sehr geeignet.

Darüber hinaus kann die Latenzzeit der Reaktion durch ein rationelles Verhalten vor der Reaktion etwas verbessert werden. Die zielgerichtete Aufmerksamkeit ist dabei besonders wichtig, da man feststellen konnte, daß sich, sobald die Aufmerksamkeit auf die bevorstehende Bewegung (motorischer Reaktionstyp) abzielt, die Reaktionszeit verringert. Konzentriert sich der Sportler hingegen auf die Wahrnehmung des Signals (sensorischer Reaktionstyp) ist sie größer. Die Reaktionsschnelligkeit erhöht sich bei einer gewissen Anspannung der Muskulatur. Beim Tiefstart empfiehlt es sich mit den Beinen leicht auf die Blöcke zu drücken. Der Weltrekord im 100-m-Lauf, A. Hary, hat dieses Prinzip mit Erfolg angewandt.

Beobachten wir z.B. die Aktionen eines Torwarts beim Torschuß, so haben wir es mit einer Reaktion auf einen sich bewegenden Gegenstand zu tun.

Der Torwart muß
– den Ball sehen,
– die Richtung und Fluggeschwindigkeit einschätzen,
– einen Aktionsplan auswählen und
– den Plan realisieren können.

[1] Zaciorski: Die körperlichen Eigenschaften des Sportlers. S. 53ff. (1972).

Aus diesen 4 Elementen setzt sich die Latenzzeit der Reaktion zusammen. Die Reaktionsschnelligkeit auf ein sich bewegendes, plötzlich auftauchendes Objekt beträgt 0,25–1 s. Auf die eigentliche sensorische Phase entfällt nur eine relativ kurze Zeit, etwa 0,05 s. Die Fluggeschwindigkeit des Balles im Spiel kann so groß sein, daß eine Reaktion unmittelbar auf den fliegenden Ball unmöglich ist. Beim Volleyballspiel (Bundesligamannschaft) kann der Ball nach dem Schmetterschlag eine Fluggeschwindigkeit von etwa 30 m/s erreichen, und die Flugzeit des Balles bis zum Boden beträgt von 0,10–0,12 s. Trotzdem gelingt es den Volleyballspielern manchmal, solche Bälle noch anzunehmen. Das ist nur durch die Vorwegnahme der Flugbahn des Balles möglich.

Die Genauigkeit der Reaktion auf einen sich bewegenden Gegenstand wird parallel mit der Reaktionsschnelligkeit entwickelt. Anfangs müssen einige Trainingseinheiten speziell auf die Reaktionsgenauigkeit gerichtet sein. Dabei ist den Aktiven zu erklären, daß die Aktionen so durchzuführen sind, als würde man dem fliegenden Gegenstand etwas zuvorkommen. Nützlich sind z. B. Bewegungsspiele mit sehr kleinen Bällen (z. B. Tennisbällen).

Übungen zur allgemeinen Reaktionsschulung:
– Sprintstarts auf Pfiff
– Rücken- bzw. Bauchlage; auf Pfiff Strecksprung, Sprint u. a.
– Normaler Lauf; auf Pfiff 1/2 bzw. 1/1 Drehung
– Normaler Lauf: auf Pfiff 5 Slalomkurven, Hochsprung, Rehsprung u. a.
– Abläufe aus verschiedenen Ausgangspositionen (Stand, Sitz, Hocke u. a.)
– Nummernwettlauf
– Verfolgungsstaffel
– Schattenboxen
– Elfmeterschießen.

2. Methoden zur Entwicklung von Aktionsschnelligkeit[1]

Zur Förderung und Schulung von Aktionsschnelligkeit wird bevorzugt die Wiederholungsmethode und die Tempowechselmethode angewandt. Dabei gilt es als Hauptaufgabe im Training die eigene maximale Geschwindigkeit zu übertreffen. Dieser Aufgabe sind alle Belastungs-

---

[1] oder Bewegungsschnelligkeit (aus ZACIORSKIJ.: Die körperlichen Eigenschaften des Sportlers, 1972).

merkmale der Methode untergeordnet (Streckenlänge, Intensität, Pausen, Anzahl der Wiederholungen usw.). Die Länge der Strecke (oder die Dauer der Übung) wird so ausgewählt, daß sich die Schnelligkeit der Bewegung (Intensität der Arbeit) gegen Ende der Übung nicht verringert. Sie ist kürzer als die Wettkampfstrecke. Die Bewegungen erfolgen im Maximaltempo (Tempoübungen). Die Dauer dieser Tempoübungen soll bei Spitzensportlern 20–22 s nicht übersteigen. Bei Anfängern ist diese Zeitspanne noch geringer. Der Trainierende strebt bei jedem Versuch danach, das für ihn bestmöglichste Ergebnis zu erzielen. Die Pausenintervalle zwischen den Versuchen sind so zu legen, daß eine völlige Erholung gesichert ist. Die Bewegungsgeschwindigkeit darf von Wiederholung zu Wiederholung nicht wesentlich absinken.

Bei wiederholten Schnelligkeitsbelastungen tritt relativ rasch die Ermüdung ein, die sich in der Praxis in einem Tempoabfall ausdrückt. Dieser Tempoverlust ist das erste Anzeichen für den Abbruch des Schnelligkeitstrainings in dieser Trainingseinheit. Infolge weiterer Wiederholungen würde nur die Ausdauer entwickelt.

Übungen zur Entwicklung von Aktionsschnelligkeit (Sprint):

Teil A
Dosierung nach Pulskontrolle: Pulszahl am Ende der Belastung bis 180/Min., Pulszahl am Ende der Erholung 120–130 Min.
– Steigerungsläufe: die Läufe sind unterschiedlich lang (zwischen 80–120 m)
– Intervallsprints: 10, 20, 30, 40 bis 50 m
– Skippings (Kniehebelauf) im Stand (15) oder bis zu 50 m (5–8 Wiederholungen)
– Startsprints in allen Varianten über eine Strecke von 40–60 m (z. B. Tief- und Hochstart, Antreten aus dem Rückwärtsgehen oder -laufen, aus dem Hockstand, nach halben und ganzen Drehungen, aus dem Wippen)
– Fliegende Sprints aus einer Geraden und in der Kurve über 40–60 m
– Bergsprints: je nach Steilheit des Geländes bis zu 80 m
– wind sprints: kurze, maximal schnelle Antritte innerhalb eines Laufes über kurze Strecken

Teil B
Dosierung: 40 Sek. Belastung — 20 Sek. Pause, Übungen so schnell wie möglich ausführen.
– Klappmesser: Medizinball mit Händen und Füßen halten
– Grätschwinkelsprünge

- Partner A in Bauchlage auf dem Kasten, Füße an der Sprossenwand. Zwei Medizinbälle: Partner B wirft zu, A rollt zurück.
- Kopfhohes Reck oder Barren: Sprung zum Stütz, Senken zum Stand mit sofortigem Abdruck wieder zum Stütz
- Im Liegestütz rücklings auf der Matte um 360° herumhüpfen
- Bauchlage: Bodenschnelle mit Anhocken
- Sprünge gegen die Wand mit anschließendem Abdruck der Hände von der Wand.

3. Die Methoden zur Entwicklung von Schnelligkeitsausdauer

In den meisten Schnelligkeitsdisziplinen wird die Wettkampfleistung in einem bestimmten Maß auch von den Ausdauerfähigkeiten beeinflußt, da es sehr schwierig ist, maximal erreichbare Geschwindigkeiten vom Start bis ins Ziel zu halten. Bei nicht entsprechend trainierten Sportlern kommt es häufig zu einem sehr deutlichen Leistungsabfall. Die Hauptmerkmale dieses Leistungsabfalls bestehen darin, daß
a) das Nervensystem durch die hohe Belastungsfrequenz ermüdet und sich ein Hemmungszustand ergibt,
b) der Energieaufwand (bezogen auf die Zeiteinheit) weit über anderen Belastungen liegt.
c) durch einen sehr hohen Gehalt an Säuren im Blut und im Gewebe (Azidose) die anaerobe Kapazität des Organismus überschritten wird (Akkumulation der sauren Stoffwechselprodukte mit der Folge des Leistungsabbruchs).

Die Faktoren führen zu einer raschen lokalen Ermüdung und bewirken eine Verringerung der Bewegungsfrequenz und damit einem Geschwindigkeitsabfall.

Für das Training der Schnelligkeitsausdauer sind also Trainingsformen auszuwählen, bei denen sehr oft bei hohem Bewegungstempo eine relativ hohe Sauerstoffschuld eingegangen wird. Wir erkennen Parallelen zu den Trainingsmethoden zur Entwicklung von Aktionsschnelligkeit. Auch im Schnelligkeitsausdauer-Training kann die Wiederholungsmethode angewandt werden. Meist wird sie mit der Intervallmethode und den Dauerleistungsmethoden kombiniert.

Übungen zur Entwicklung von Schnelligkeitsausdauer:
- Tempoläufe: 2 x 50 m, 1 x 100 m, 2 x 200 m, 2 x 300 m
- Tempowechselläufe (bis 200 m): 50 m schnell, 100 m langsam, 150 m schnell, 200 m langsam

- in and outs: Bahnläufe mit Temposteigerung in die Kurve hinein und aus der Kurve hinaus
- Minutenläufe: Läufe von unterschiedlicher Zeitdauer z. B. 1–2–3–2–1 Min.
- Hügelläufe: z. B. 5 x 50-m-Sprint bergauf
- Schwelläufe: Läufe mit an- oder abschwellender Streckenlänge z. B. 50–100–150–200–150–100–50 m
- Intervallsprints: z. B. Läufe über 20 x 50 m
- wind sprints: kurze, maximal schnelle Antritte innerhalb eines Laufes über kurze Strecken von z. B. 100 m

3.5.3 Probleme und Verletzungsgefahren im Schnelligkeitstraining

Welche Probleme können im Schnelligkeitstraining auftreten? Wir wollen hier zwei Beispiele aus dem Gebiet des leichtathletischen Sprints kurz diskutieren.

Beim Sprint liegt ein Problem in der *Ausgewogenheit von Kraft- und Schnelligkeitstraining*.
Wir wissen, daß eine Verbesserung der Laufzeiten nur über eine Steigerung der Muskelkraft vor allem in den Beinstreckern zu erreichen ist. Trainieren wir jetzt mit sehr hohen Gewichten, um die Maximalkraft zu verbessern, leidet darunter die Schnelligkeit. Umgekehrt gilt, daß bei dem Training mit leichteren Gewichten die Schnelligkeit bei richtiger Dosierung verbessert werden kann, aber die Streckkraft der Beine nicht ausreicht, um Spitzenleistungen zu erzielen. Wie ist dieses Problem zu lösen? Die Untersuchungen darüber sind noch nicht abgeschlossen. Folglich gibt es auch keine Patentrezepte. Auf jeden Fall sollte man als Trainer versuchen, beide Komponenten (Kraft und Schnelligkeit) gleichzeitig zu steigern[1] (komplexes Training). Dieses Verfahren hat sich bisher empirisch als vorteilhaft erwiesen. Dagegen ist eine alternative Entwicklung, z. B. erst Kraft, dann Schnelligkeit, nicht zu empfehlen, weil sich die Kraft automatisch wieder reduziert.

Ein anderes Problem stellt die sogenannte *Schnelligkeitsbarriere* dar.
Die Ursache kann an einer falschen Trainingskonzeption im Aufbautraining liegen. Es wurde zu einseitig ausgerichtet, z. B. nur auf Sprintübungen. Die Folge ist ein motorisch-dynamisches Stereotyp. Im weiteren Trainingsprozeß, z. B. im Hochleistungstraining, stagniert

---

[1] Vergleiche dazu die Übungsbeispiele auf S. 79

dann die Entwicklung der Schnelligkeit. Wahrscheinlich wurden auch schnellkraftfördernde Übungen (z. B. Grätschwinkelsprünge oder Klappmesser, dabei Medizinball mit Händen und Füßen halten) vernachlässigt.

Welche Maßnahmen können hier Abhilfe schaffen? In der Praxis ist man bemüht, Wege zur Beseitigung dieser „Schnelligkeitsbarriere", die bei Anfängern und Spitzensportlern unterschiedlich ist, zu finden. Wir können

a) vielseitig (allgemein und speziell) trainieren mit einem variationsreichen Übungsangebot;
b) erleichternde Bedingungen im Training schaffen (z. B. Schrittmacher, Windschutz), um eine Erhöhung der Bewegungsfrequenz zu ermöglichen;
c) Zwangsbedingungen herstellen (z. B. Zuggeräte, Gewichtsweste u. a.).

Bewährt haben sich bei Hochleistungssportlern Trainingsabschnitte, in denen die Hauptübung (z. B. Sprint, Hochsprung, Hammerwurf u. a.) eine gewisse Zeit nicht mehr ausgeführt wurde. Die Aufmerksamkeit wurde völlig auf die Entwicklung der Schnellkrafteigenschaften gelegt (siehe c)). Dabei blieb die Technik der Bewegung erhalten.

Zur Vermeidung körperlicher Schäden und Verletzungen im Schnelligkeitstraining gibt HARRE (1973) folgende Hinweise:

„Schnelligkeitsbelastungen stellen maximale Anforderungen an Muskeln, Sehnen und Bänder. Die Verletzungsquote ist relativ hoch. Hauptursachen sind lokale Überforderungen, mangelnde Vielseitigkeit, Belastung bei Unterkühlung und im ermüdeten Zustand sowie mangelhafte Entspannungsfähigkeit der Muskeln infolge ungenügender unmittelbarer Vorbereitung (Einarbeiten) auf Schnelligkeitsanforderungen. Daher ist ein sorgfältiges Vorbereiten im Training vor dem Wettkampf unbedingt Voraussetzung für jegliche Schnelligkeitsleistung. Außerdem sollte auf Schnelligkeitsanforderungen mit maximaler Intensität in den frühen Morgenstunden verzichtet werden. Bei auftretendem Muskelschmerz oder bei Muskelverkrampfungen ist die Belastung einzustellen. Bei kühler Witterung ist eine zweckmäßige Bekleidung (Trainingsanzug) erforderlich. Schließlich sind Entspannungsübungen und Massagen anzuwenden. Stark durchblutungsfördernde Einreibungen bedürfen jedoch der Zustimmung des Sportarztes."

3.5.4 Fragen und Aufgaben:

1. a) Vergleichen Sie die Methoden zur Entwicklung von Kraft, Ausdauer und Schnelligkeit.
   b) Definieren Sie die Begriffe: Reizstärke, Reizdichte, Reizumfang, Reizdauer.
2. a) Nennen Sie zwei wichtige leistungsbegrenzende Faktoren im Schnelligkeitstraining, die mit gezielten Trainingsmethoden (Übungsschwerpunkte) verbessert werden können.
   b) Geben Sie je Faktor ein praktisches Beispiel für eine von Ihnen gewählte Sportdisziplin an.
3. Welche Rolle spielt die Ausdauer im Schnelligkeitstraining? Erläuterung an Beispielen!
4. A Reizstärke: 70–90 %; Reizumfang: 20–30 % Wiederholungen; Reizdichte: 2–3 Min.
   B Reizumfang: 1–3 Wiederholungen; Reizdichte: 3–4 Min.; Reizdauer: einige Sekunden.
   C Reizdichte: –/0; Reizdauer: lang, Reizstärke: 70–90 %.
   a) Ergänzen Sie folgerichtig das jeweils fehlende Belastungsmerkmal.
   b) Welche Trainingsmethoden ergeben sich aus den Angaben?
5. Erläutern Sie den Begriff „Schnelligkeitsausdauer" an einem Beispiel.
6. Interpretieren Sie den Kurvenverlauf der (Abb. 21)
   a) des Spitzensportlers
   b) des Untrainierten
   und vergleichen Sie beide Dynamogramme.
7. Unterscheiden und vergleichen Sie die Begriffe Reaktionsschnelligkeit und Aktionsschnelligkeit.
8. a) Nennen Sie die wesentlichen Faktoren der motorisierten Schnelligkeitsentwicklung und erläutern Sie deren Trainierbarkeit am Beispiel des leichtathletischen Sprints.
   b) Erläutern Sie die sich hieraus ableitenden Zusammenhänge zwischen Beginn des Schnelligkeitshochleistungstrainings und der Altersstufe.
   c) Im Sprinttraining wird der Begriff „Schnelligkeitsbarriere" verwendet.
   d) Durch welche Trainingsformen kann die „Schnelligkeitsbarriere" überwunden werden?

3.5 Das Schnelligkeitstraining

9. Das Intervalltraining bewirkt einen höheren Energieverbrauch als die Dauerleistungsmethode (gleichbleibende Arbeitsintensität). Begründen Sie diese Aussage anhand eines Beispiels und erläutern Sie daraus die Bedeutung in der Sportpraxis.
10. Ein bekannter Hochleistungssprinter zeigte kurz nach Beendigung seiner aktiven Laufbahn eine Herz-Kreislaufkapazität, die nicht wesentlich über der eines Untrainierten lag. Begründen Sie diese Feststellung und ziehen Sie daraus Folgerungen für den Wert bestimmter Sportarten im Hinblick auf die Herz-Kreislaufkapazität.
11. Dem Aufwärmen kommt im Schnelligkeitstraining eine besondere Bedeutung zu.
    a) Was versteht man unter dem Begriff „Aufwärmen"?
    b) Erläutern Sie die Auswirkungen des Aufwärmens aus physiologischer Sicht.
12. Charakterisieren Sie die Bedeutung der Muskelelastizität im Schnelligkeitstraining.
13. a) Welche Bedeutung hat die Latenzzeit für den Sportler?
    b) Von welchen Faktoren ist sie abhängig?
    In welchem Zusammenhang tritt sie auf?
14. Von welchen wesentlichen biologischen Faktoren ist die Schnelligkeit abhängig? Kurze Begründung.
15. Referieren Sie über Verletzungen und körperliche Schäden beim Krafttraining und Schnelligkeitsbelastungen.
16. Testen Sie Ihre mittlere Reaktionszeit durch folgendes Experiment: Der Versuchsleiter erzeugt durch Knopfdruck einen Summton in einer elektrischen Schaltanlage, der von der Testperson durch Betätigung eines Schalters so schnell wie möglich wieder abgestellt wird.
17. Referieren Sie über die Bedeutung der motorischen Grundeigenschaften
    A) für das Erstellen von Konditionsprogrammen
    B) für das Gesundheitswesen (therapeutische und rehabilitative Maßnahmen)
    C) für die Trainingsplanung.

Weiterführende Literatur:
Jonath/Kirsch/Schmidt: Das Training des jugendlichen Leichtathleten, Teil III: Lauftraining, Schorndorf, 1976. – Nett, T.: Der Sprint, Berlin 1969. – Nöcker, J.: Physiologie der Leibesübungen, Stuttgart, 1971. – Schmolinsky, G., Hrsg.: Leichtathletik, Berlin (Ost), 1974.– Zaciorskij, V. M.: Die körperlichen Eigenschaften des Sportlers, Berlin 1972.

3.6 Die Gelenkigkeit

3.6.1 Allgemeine Grundlagen

In der einschlägigen Literatur finden wir unterschiedliche Begriffsbildungen über die charakteristischen Merkmale dieser motorischen Eigenschaft. ZACIORSKIJ spricht z. B. von „Biegsamkeit", während MATWEJEW, MEINEL, SIMKIN u. a. synonym den Begriff „Beweglichkeit" verwenden. FETZ vertritt dagegen die Auffassung, daß Beweglichkeit mehr bedeutet als nur die „Schwingungsweite der Gelenke". Die Beweglichkeit entspricht, seiner Meinung nach, nur teilweise der Gelenkigkeit, weil sie außer der Gelenksbeweglichkeit noch den Komplex der muskel- und neurophysiologischen Beweglichkeit umfaßt.

Definition nach Röthig:

Gelenkigkeit ist eine motorische Eigenschaft, die durch den Aktionsradius (Amplitude) der Gelenke bestimmt ist.

Welche Bedeutung der Gelenkigkeit nicht nur im aktiven Sport, sondern auch im Alltag zukommt, können wir uns an folgendem Beispiel klarmachen. Wenn ein Extremitätengelenk über längere Zeit als Folge eines Knochenbruches in einem Gipsverband fixiert worden ist, lassen sich nach der Ausheilung und Abnahme des Verbandes bestimmte Gelenkbewegungen nicht mehr durchführen. Eine normale Gelenksbeweglichkeit wird erst nach tagelangem Training unter ständiger, aktiver Anspannung und Verkürzung sowie durch Massage der Muskeln, Sehnen und Bänder erreicht. Bedenklich ist, daß selbst der gesunde Mensch in unserer industriellen Gesellschaftsform zunehmend ungelenker wird. Als Ursache muß vor allem die Bewegungsarmut, bedingt durch Zivilisationserrungenschaften wie z. B. Auto, Fernsehen u. a., angesehen werden.

In der Sportpraxis differenzieren wir die Gelenksbeweglichkeit in Allgemeine und Spezielle Gelenkigkeit.

Derjenige Sportler besitzt eine *Allgemeine Gelenkigkeit*, der in allen Gelenken des Körpers einen normalen Umfang der Bewegungsamplitude (Schwingungsweite) aufweisen kann. Unter der Bewegungsamplitude eines Gelenks versteht man den in seinen äußersten Grenzen gemessenen Winkelbereich, in welchem das Gelenk die Drehung des Körperteils in einer bestimmten Bewegungsrichtung (Drehebene) erlaubt (Abb. 22).

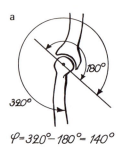 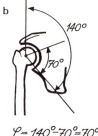

$\varphi = 320° - 180° = 140°$ $\varphi = 140° - 70° = 70°$

Abb. 22: Bewegungsamplitude des Ellbogengelenkes (a) und des Schultergelenkes (b) (nach HOCHMUT, 1967, verändert). Die Bewegungsamplitude φ ergibt sich aus der Differenz der beiden, die Drehoberfläche abgrenzenden Winkelwerte von Gelenkkopf und Gelenkpfanne.

Da die Gelenkigkeit von so verschiedenen Faktoren wie z.B. Alter, Geschlecht, Tageszeit, Temperatur, Konstitution, Trainingszustand u.a. bestimmt wird, sind keine genaueren Angaben über die Bewegungsamplitude einer Allgemeinen Gelenkigkeit möglich.

Der *Speziellen Gelenkigkeit* kommt in der Sportpraxis eine leistungssignifikante Bedeutung zu. Sie bezieht sich auf bestimmte Gelenke, die eine überdurchschnittliche Bewegungsamplitude aufweisen. Besonders in den technischen Sportarten kommt es auf eine große Schwingungsweite einzelner Gelenke an. Ein guter Geräteturner muß beispielsweise über eine besondere Hüftgelenkigkeit verfügen. Die Spezielle Gelenkigkeit erlaubt bei allen Schwung- und Ausholbewegungen eine maximale Amplitude und ermöglicht insbesondere den Extremitäten den ökonomischsten Weg bei der Ausführung der Technik.

Darüber hinaus unterscheiden wir eine Aktive und eine Passive Gelenkigkeit. Von *Aktiver Gelenkigkeit* spricht man, wenn bestimmte, zu dem Gelenk gehörende Muskelgruppen das Gelenk aktiv bewegen. Wird durch das Einwirken äußerer Kräfte, z.B. Schwerkraft, eine bestimmte Bewegungsamplitude in einem Gelenk hervorgerufen, so bezeichnen wir diesen Vorgang als *Passive Gelenkigkeit*. In aufrechter Haltung kann man eine sehr tiefe Hockstellung einnehmen, so daß Knie- und Hüftgelenk extrem stark gebeugt sind. Legen wir uns auf den Rücken und versuchen die selben Grenzwerte der Amplitude in den beiden Gelenken zu erreichen, so gelingt das nicht mehr, weil die Schwerkraft die Beugungsmuskulatur nicht mehr unterstützt und der

Widerstand der Antagonisten (Streckmuskeln) nicht mehr vollständig überwunden werden kann.

Aus diesem Beispiel erkennen wir, daß die Passive Gelenkigkeit größer ist als die Aktive. Das Verhältnis zwischen diesen beiden Formen der Gelenksbeweglichkeit ist aber noch kaum erforscht.

3.6.2 Biologische Aspekte der Gelenkigkeit

Die Voraussetzungen für die Entwicklung von Gelenkigkeit sind nicht bei allen Menschen gleich, sondern basieren auf individuellen anatomisch-physiologischen Grundlagen jedes einzelnen. Bestimmend sind dabei die Form der Gelenkflächen, die Länge und die Dehnbarkeit der Muskeln, Sehnen und Bänder, sowie die Kraft der Muskulatur.

Grundsätzlich können diese Parameter über funktionelle Anpassungen im Sinne von Roux so positiv beeinflußt werden, daß sich die Gelenkigkeit entsprechend verbessert. Während die Verformung der Gelenkflächen nach diesen Anpassungsgesetzmäßigkeiten in der Praxis nur eine geringe Rolle spielt, lassen sich durch permanente Dehnungsreize Muskeln, Sehnen und Bänder der Gelenkkapsel bis zu einem gewissen Grad beweglicher machen. An dieser Stelle sei bereits der methodische Hinweis gegeben, plötzliche, extreme Dehnungen z.B. Spagat zu unterlassen, damit Verletzungen des Bandapparates vermieden werden. Muskelverletzungen, z.B. Zerrungen oder Faseranrisse, kann man durch entsprechend dosierte Vordehnung, aber auch durch Wärmezufuhr (z.B. warmes Bad, Sauna oder Warmmachen bzw. Warmlaufen) verhüten. Unter dem Einfluß der Temperatur nimmt die Elastizität eines Muskels zu und gleichzeitig wird dadurch eine verbesserte Durchblutung des Gewebes gewährleistet.

Darüber hinaus können die elastischen Eigenschaften der Muskeln auch durch das ZNS (Zentralnervensystem) beeinflußt werden (Dehnungsreflexe, Innervation über das γ-motorische System). Beispielsweise verringern sie sich infolge der emotionalen Erregung bei Wettkämpfen. Tatsächlich wird durch Vordehnung und Warmmachen die Muskulatur nicht, wie man sagt, „elastischer", sondern die Verformbarkeit der Muskeln wird größer, d.h. sie werden insgesamt „länger". Nach einiger Zeit verschwindet dieser Längenzuwachs wieder, weil die einzelnen Muskelfasern in den vor der Dehnung eingenommenen Ruhestand zurückgehen. Durch mehrmaliges Vordehnen wird der Bewegungsraum des Muskels also nur vorübergehend vergrößert. Diese Erkenntnis findet im Leistungssport immer wieder Anwendung. Insbesondere Turner und Leichtathleten bereiten sich durch intensives Vordehnen, das oft nach gewissen Ritualen abläuft, auf den Wettkampf vor.

Wir haben bereits erwähnt, daß das Maß der Gelenkigkeit auch vom Alter eines Menschen abhängt. Im Laufe des Lebens nimmt die Gelenkigkeit ständig ab. Dies zeigt uns eindrucksvoll ein Vergleich zwischen Säugling und Greis. Das Kleinkind kann noch extreme Bewegungen in allen Grundgelenken ausführen. Seine Wirbelsäule ist aufgrund der noch unvollkommenen Verknöcherung sehr beweglich. Diese Eigenschaften fehlen einem alten Menschen allein schon durch die versteifenden, degenerativen Prozesse, die im allgemeinen im hohen Alter rasch zunehmen. So ist z. B. die Flexibilität im Bereich der Wirbelsäule so gering geworden, daß eine Rückkehr aus dem Hohlkreuz in die normale Streckung oder Rundung der Lendenwirbelsäule nicht mehr möglich wird. Diese altersbedingte Gelenkkapselschrumpfung der Wirbelsäule ist irreversibel.

3.6.3 Die Methoden des Gelenkigkeitstrainings mit entsprechenden Übungsbeispielen

Eine durch systematisches Training hervorgerufene, gute Gelenkigkeit steht niemals ständig zur Verfügung. Nach dem Aussetzen fördernder Übungen kehrt die Elastizität der Muskeln, Sehnen und Bänder bald auf das Ausgangsniveau zurück, so daß der Bewegungsraum der Gelenke wieder eingeschränkt wird. Deshalb muß die einmal erworbene Gelenkigkeit durch permanentes Üben aufrecht erhalten werden.
Da die Gelenkigkeit im Kindes- und Jugendalter leichter zu entwickeln ist, nimmt ihre Ausbildung im Trainingsprozeß ungefähr zwischen dem 11. und 14. Lebensjahr einen besonderen Stellenwert ein.
Hat man ein Gelenk in seiner aktiven Beweglichkeit an die Grenze der anatomischen Möglichkeiten gebracht, so wird klar, daß beim Überschreiten dieser Grenze das Gelenk passiven Belastungen ausgesetzt ist, die zu Schädigungen führen können, wenn nicht Agonisten und Antagonisten kräftig genug sind, um bremsend einzuwirken.

Die Dehn- und Gelenkigkeitsübungen müssen deshalb auch mit Kraftübungen verbunden werden.

Umgekehrt sind nach einem Krafttraining unbedingt Dehnübungen zu empfehlen, weil sich die Muskeln nicht nur im Querschnitt vergrößern, sondern auch stark verkürzen. Dies führt aber zur Einschränkung der Muskelbeweglichkeit (man sagt dann: „Der Athlet kann vor lauter Kraft kaum laufen"). Darüber hinaus wird die Schnelligkeit ungünstig beeinflußt. Ohne entsprechende Lockerung und Dehnung könnten auch bestimmte Techniken z.B. im Geräteturnen schlechter erlernt werden.

Daraus folgt die Beurteilung der Gelenkigkeit:
Mit welchen praktischen Maßnahmen kann Gelenkigkeit entwickelt werden? In erster Linie sind das gymnastische Übungen ohne und mit Gerät, Partnerübungen, Schwunggymnastik und spezielle Kraftübungen.

Die gymnastischen Übungen teilen wir in zwei Gruppen ein:

1. Die passiven Dehnübungen

Die Bewegungen in den Gelenken werden hier nicht durch aktive Muskeltätigkeit, sondern überwiegend durch äußere Kräfte erzeugt.

Beispiele:

a) Zwangslagen (z.B. Hürdensitz)

b) Partnerunterstützung (z.B. Rumpfbeuge vorwärts)

3.6 Die Gelenkigkeit

c) Extension (z. B. Position in der Bewegung des Speerwurfes)

2. Die aktiven Dehnübungen:

Die Übungen sollen möglichst schwungvoll bis zur Grenze der Gelenksbewegungsmöglichkeiten ausgeführt werden. Nach aktiven Dehnübungen hält die verbesserte Gelenkigkeit länger an als nach passiven.

Beispiele: gradlinige, drehende und federnde Schwungbewegungen

Methodische Hinweise:
- Gründliches Aufwärmen bis zum leichten Schweißausbruch vor den Dehnübungen.
- 10–15 Wiederholungen pro Serie; insgesamt soll ein Gymnastikteil ca. 20 Serien enthalten.
- Mit fortschreitender Gelenkigkeit soll das Tempo der Übungsausführung erhöht werden.
- Die Übungen sollen bis zum Auftreten eines leichten Schmerzgefühls durchgeführt werden (Anzeichen zum Abbruch des Übens).
- Nur das wiederholte Üben im Grenzbereich erbringt sichtbare Leistungsfortschritte und trägt gleichzeitig zur Willensschulung bei.
- Die Serienpausen können mit Lockerungs- und Entspannungsübungen ausgefüllt werden.
- 2 mal tägliches Training (morgens und abends) entwickelt die Gelenkigkeit am schnellsten.
- Die Übungen sollten häufig wechseln.
- Zunächst sollen die passiven Dehnübungen, dann mit zunehmender Verbesserung und Spezialisierung die aktiven berücksichtigt werden.
- Die aktiven Dehnübungen sollen möglichst der Technik der gewählten Disziplin entsprechen.
- Gelenkigkeitsübungen sollen nicht im stark ermüdeten Zustand erfolgen.

3.6 Die Gelenkigkeit

Kontrollmöglichkeiten:

Zur Überprüfung der Gelenkigkeit können verschiedene Verfahren eingesetzt werden. Ihre exakte Messung erfolgt an der Winkelstellung der beteiligten Gelenke. Wir stellen im folgenden drei Meßmethoden exemplarisch dar (nach HARRE):

a) Winkelmessung der maximalen Schwingungsweite

b) Lineare Messung der maximalen Schwingungsweite

c) Indexwerte beim Ausschultern mit dem Stab

Formel: $\dfrac{\text{Griffbreite in cm}}{\text{Schulterbreite in cm}}$

Daraus folgt die Beurteilung der Gelenkigkeit:

Index: 2,0–2,4 sehr gut
Index: 2,0–1,6 gut
Index: 1,6–1,2 befriedigend
Index: 1,2–0,8 ausreichend
Index: 0,8–0,4 ungenügend

3.6.4 Fragen und Aufgaben

1. a) Erläutern Sie die Begriffe „Aktive und Passive Gelenkigkeit" und geben Sie jeweils zwei Beispiele an.
   b) Vergleichen Sie die praktische Bedeutung von aktiver und passiver Gelenkigkeit.
2. Welche Trainingsmaßnahmen kann man einsetzen, um eine Vergrößerung der Bewegungsamplitude einzelner Gelenke zu erreichen (Beispiele)?

3. Warum sind zur Schulung der Gelenksbeweglichkeit auch Kraftübungen notwendig?
   Erläutern Sie die anatomisch-physiologischen Gesetzmäßigkeiten.
4. Mit welchen Kontrollmethoden läßt sich die Größe der Gelenkigkeit feststellen? Welche Methode würden Sie in der Praxis bevorzugen? (Begründung)
5. In welchen Sportarten ist eine besonders gut ausgeprägte Gelenkigkeit notwendig? (Begründung)
6. Erläutern Sie die Bedeutung der speziellen Gelenkigkeit in Ihrer Schwerpunktsportart. Welche Trainingsregeln müssen Sie bei der Entwicklung von spezieller Gelenkigkeit beachten?
7. Die Verminderung der normalen Gelenkigkeit ist eine Begleiterscheinung unserer Zivilisation. Welche Maßnahmen schlagen Sie vor, um dieses Problem zu lösen? (Ausführliche Diskussion)
8. Welche Faktoren bedingen die unterschiedliche Gelenkigkeit?
9. a) Charakterisieren Sie die anatomisch-physiologischen Voraussetzungen der Gelenkigkeit.
   b) Welche Rolle spielt dabei das Warmmachen?
10. Warum nimmt eine gut entwickelte Gelenkigkeit ohne regelmäßige Schulung vor allem bei Kindern und Jugendlichen schnell wieder ab?
11. Die Gelenkigkeit ist in den meisten Sportarten Voraussetzung für die Wirkung externer und interner Kräfte.
    Zeigen Sie auf, welche biomechanischen Prinzipien zum Tragen kommen.
12. Charakterisieren Sie ein funktionsfähiges, echtes Gelenk!
    Nennen Sie verschiedene Gelenktypen!
    Geben Sie zu jedem Typ ein Beispiel an!
13. Stellen Sie ein 5teiliges Übungsprogramm zusammen, das die Dehnung wichtiger Körperabschnitte (Oberschenkel, Beckengürtel, Bauch-Thorax, Rücken- und Schultergürtel) berücksichtigt.

Weiterführende Literatur:

Fetz, F.: Motorische Grundeigenschaften in: Zeitschrift „Die Leibeserziehung", 6. Schorndorf. – Harre, D.: Trainingslehre, Berlin (Ost), 1973. – Hochmuth, G.: Biomechanik sportlicher Bewegungen, Frankfurt/M., 1967. – Zaciorskij, V. M.: Die körperlichen Eigenschaften des Sportlers, Berlin, 1972.

3.7 Die Gewandtheit

3.7.1 Allgemeine Grundlagen

Sprachlich gesehen leitet sich Gewandtheit von „wenden" ab und bedeutet soviel wie Wendigkeit. In der sportlichen Praxis bezeichnen wir z. B. einen Basketballspieler, der mit Hilfe von Finten oder einem trickreichen Dribbling die gegnerische Abwehr ausspielt, als gewandt. Die Gewandtheit steht mit den anderen motorischen Grundeigenschaften in komplexer Verbindung. Die intensive Ausbildung von Kraft, Ausdauer, Schnelligkeit und Gelenkigkeit stellt eigentlich die Voraussetzung für die Vervollkommnung der Gewandtheit dar. Deshalb bildet sie auch „last but not least" den Schluß des Kapitels „motorische Grundeigenschaften".

Als Gradmesser der Gewandtheit können nach ZACIORSKIJ angesehen werden:

a) die Koordinationsschwierigkeit der Aufgabe,
b) die Bewegungsgenauigkeit, verbunden mit der Bewegungsökonomie
c) die Lernzeit der Bewegungsausführung.

Im Gewandtheitstraining unterscheiden wir eine Allgemeine und eine Spezielle Gewandtheit. Eine gute *Allgemeine Gewandtheit* zeigt sich darin, daß ein Sportler neue Bewegungsabläufe schnell erfaßt und somit die Grobform einer Technik beherrscht. Ein hohes Maß an Allgemeiner Gewandtheit wird dem Aktiven bei sich plötzlich ändernden Wettkampfsituationen, z. B. durch Karambolagen, Witterungsänderungen oder durch eine neue Taktik des Gegners abverlangt.

Die *Spezielle Gewandtheit*, z. B. Sprung- oder Wurfgewandtheit in der Leichtathletik basiert auf der Allgemeinen Gewandtheit. Ein Athlet mit guter Spezieller Gewandtheit besitzt die Fähigkeit, in seiner Spezial-Disziplin neue Bewegungselemente oder Varianten ohne wesentliche Leistungseinbußen ausführen zu können. Ohne systematische Weiterentwicklung der Speziellen Gewandtheit sind meist nur unzureichende Fortschritte in der speziellen technischen Ausbildung eines Sportlers zu erwarten. Aus diesem Grund sollte er nach und nach immer neue Bewegungsmuster in sein Repertoire aufnehmen.

Die spezielle Gewandtheit ist so eng mit den leistungsbestimmenden Faktoren der jeweiligen Sportart verbunden, daß sie nicht übertragbar ist. Dies zeigt sich in der Praxis z. B. bei Sportlern, die zwar über eine ausgezeichnete Gewandtheit in den Sportspielen verfügen, aber beispielsweise bei turnerischen Bewegungen recht unbeholfen wirken.

Die Ausführung von Übungen, die Gewandtheit verbessern helfen, erfordern sehr genaue Muskelempfindungen. Die Entwicklung der Analysatoren, insbesondere die des kinästhetischen Analysators spielt deshalb im Gewandtheitstraining eine bedeutende Rolle.

In Untersuchungen fand man heraus, daß Athleten um so schneller und sicherer neue Fertigkeiten beherrschten, je genauer sie Bewegungsabläufe empfinden und wiedergeben konnten. In diesem Zusammenhang stoßen wir noch einmal auf die Beziehungen zwischen Gewandtheit und Bewegungserfahrung.

Je größer der Bewegungsschatz und damit der Vorrat an bedingten Reflexen, desto besser die Gewandtheit. Umgekehrt erleichtert eine gute Allgemeine Gewandtheit das Erlernen neuer Bewegungen.

3.7.2 Die Methoden des Gewandtheitstrainings mit entsprechenden Übungsbeispielen

Die Entwicklung der allgemeinen Gewandtheit soll im Kindes- und Jugendalter erfolgen. Für ihre Förderung eignen sich z. B. Übungen und Bewegungsformen
a) aus den Sportspielen, die ein schnelles Reagieren abverlangen,
b) aus dem Skilauf, die Anpassungen an die unterschiedlichsten Gelände-Bedingungen und Schneeverhältnisse ermöglichen,
c) aus dem Geräteturnen, die innerhalb eines Bewegungskomplexes mehrere Aufgaben stellen und dadurch eine gute Kombinationsfähigkeit entwickeln,
d) aus der Leichtathletik, die im Bereich der technischen Disziplinen ein Höchstmaß an Koordinationsschwierigkeiten bieten.

Beispiel eines Übungsprogrammes für die Allgemeine Gewandtheitsentwicklung bei Sportspielen:
– Sprünge um die Körperlängsachse, wobei ein Ball gefangen und abgespielt werden muß.
– Im Stand Hochwerfen eines Balles, hinsetzen, aufstehen und Fangen des herabfallenden Balles.

- Einen Ball aus einer Entfernung von ca. 4 m an die Wand prellen, Drehung um die Körperlängsachse, Ball wieder auffangen.
- Aus der Rückenlage einen Ball von hinten über den Kopf nach vorn werfen und wieder auffangen.
- Einen Ball nach hinten über den Kopf werfen und hinter dem Rücken wieder fangen.
- Dribbling durch eng gestellte Slalomstangen.

Hinweis: Die Übungen sollen mit verschiedenen Wettkampfbällen und in Wettbewerbsform durchgeführt werden.

Die Entwicklung der Speziellen Gewandtheit setzt mit dem Aufbautraining ein und erreicht im Hochleistungstraining ihren Abschluß. Im Trainingsprozeß können verschiedenartige methodische Verfahren eingesetzt werden, die zu einer besseren Bewegungskoordination führen.

Beispiel eines Übungsprogramms für die Entwicklung der Speziellen Gewandtheit beim Volleyballspiel:

Methode	Volleyball-Übung
Veränderung der Technik der Übungsausführung	Aufgaben in verschiedenen Arten und Variationen
Veränderung der Raumgrenzen	Verkleinerung des Spielfeldes oder höhere Netzhöhe
Erschwerung der Übung durch zusätzliche Bewegungen	Der Blockspieler muß mit einem Sprung zwei Bälle berühren, die ein Partner auf der anderen Netzseite in einem Abstand von ca. 1 m oberhalb der Netzoberkante in je einer Hand hält
„Spiegel"-Durchführung der Übung	Aufgabe mit der linken statt mit der rechten Hand schlagen
Veränderung der Geschwindigkeit oder des Bewegungstempos	verzögertes Sprungpritschen
Anwendung ungewohnter Ausgangsstellungen	Ausführen der Aufgabe mit dem Rücken zum Netz bzw. Spielfeld

3.7.3 Probleme im Gewandtheitstraining

Abschließend weisen wir auf wichtige Trainingsregeln und Probleme im Gewandtheitstraining hin:
a) Übungen zur Entwicklung von Gewandtheit führen relativ schnell zur Ermüdung. Deshalb ist es ratsam, das Gewandtheitstraining an den Anfang einer Trainingseinheit zu stellen und auf ausreichende Erholungspausen zu achten.
b) Die Dosierung eines Gewandtheitstrainings wird in der Praxis oft schwierig, weil die Belastbarkeit und die Konzentrationsfähigkeit bei den Aktiven sehr unterschiedlich ausfällt.
c) Wenn periphere oder zentrale Ermüdungserscheinungen einsetzen, muß das Training abgebrochen werden, weil sich sonst leicht Ungenauigkeiten im Bewegungsablauf einschleifen.
d) Automatisierte Bewegungen stagnieren die Gewandtheitsentwicklung.
e) Zur Entwicklung der Speziellen Gewandtheit dienen hauptsächlich wettkampfnahe Übungen.
f) Als Kontrolle und zur Überprüfung der Gewandtheit eignen sich z. B. Hindernisbahnen, an denen verschiedene Bewegungsaufgaben in einer bestimmten Reihenfolge und Anordnung nach einem entsprechenden Zeitplan absolviert werden müssen.

3.7.4 Fragen und Aufgaben:

1. Wie unterscheiden sich Allgemeine und Spezielle Gewandtheit? Erläutern Sie Ihre Darstellung jeweils an drei Übungsbeispielen.
2. In welcher Weise hängt die Gewandtheit mit anderen motorischen Grundeigenschaften zusammen?
3. Vergleichen Sie je einen charakteristischen Bewegungsablauf aus einer Individual- und einer Mannschaftssportart. Welcher Bewegungsablauf erfordert eine größere Gewandtheit? (Begründung)
4. a) Was versteht man unter dem kinästhetischen Analysator?
   b) Stellen Sie ein Übungsprogramm zur Schulung des kinästhetischen Analysators zusammen
   c) Nennen Sie andere wichtige Analysatoren.
5. Formulieren Sie eine angemessene Definition des Begriffs „Gewandtheit".

6. Warum tragen automatisierte Bewegungen nicht mehr zur Entwicklung der Gewandtheit bei? (Neurophysiologische Erklärung)
7. Referieren Sie über die Bedeutung der Gewandtheit vor allem mit Blick auf die Leistungssteigerung in verschiedenen Sportarten.

Weiterführende Literatur:

Barisch, E.: Zur Fertigkeit, Geschicklichkeit und Gewandtheit in der sportlichen Motorik, in: Zeitschrift „Die Leibeserziehung", 12. Schorndorf, 1964. – Fetz, F.: Zur sportlichen Gewandtheit und ihren Merkmalen, in: Zeitschrift „Die Leibeserziehung", 12. Schorndorf, 1964. – Harre, D.: Trainingslehre, Berlin (Ost), 1973. – Meinel, K.: Bewegungslehre, Berlin (Ost), 1976. – Zaciorskij, V. M.: Die körperlichen Eigenschaften des Sportlers, Berlin 1972.

4 DAS TECHNIKTRAINING

4.1 Allgemeine Grundlagen

Die Spitzenleistungen heutiger Athleten lassen sich nicht nur mit einem hochentwickelten Konditionszustand erreichen, sondern erfordern auch eine optimale, ausgereifte Technik. In den technischen Sportarten (z. B. Geräteturnen, Eiskunstlauf u. a.) kommt der Technik zweifellos eine größere Bedeutung zu als beispielsweise in reinen Ausdauersportarten (z. B. Langstreckenlauf). Demnach spielt die Art bzw. der Einsatz von sportlicher Technik in den verschiedenen Sportarten auch eine unterschiedliche Rolle. Die zugrundeliegende Bewegungstätigkeit und die Kriterien zur Bewertung sportlicher Leistung charakterisieren im wesentlichen die Art der sportlichen Technik.

Im *Geräteturnen* hat die Technik eine relativ selbständige Rolle und ist zugleich auch Gegenstand der Bewertung der sportlichen Leistung. Die Entwicklung der physischen Fähigkeiten dient hier vor allem dem Erlernen und Vervollkommnen der Technik.

In den *Sportspielen* dagegen muß die Technik eine Reihe von komplexen Aufgaben bewältigen helfen:
a) Erhöhung der Effektivität bei der Ausnutzung maximaler Krafteinsätze (z. B. Schmetterschlag beim Volleyballspiel);
b) Verbesserung der Ökonomie der Krafteinsätze (z. B. Automatisierung von verschiedenen Wurfarten);
c) Erhöhung der Schnelligkeit und Genauigkeit der Bewegungen unter Wettkampfbedingungen (z. B. Automatisierung von Spielzügen in Angriff und Abwehr).

Aus diesen Erkenntnissen können wir folgende Definition der sportlichen Technik ableiten:

Unter sportlicher Technik versteht man die zur Lösung einer bestimmten Aufgabe entwickelte rationelle Bewegungsform[1].

In allen sportlichen Disziplinen haben sich bestimmte rationelle Lösungsverfahren (spezielle Techniken) herausgebildet, die zur Zeit als am idealsten erscheinen und deshalb allgemein gelehrt werden.

---

[1] Zitat aus TSCHERNE, F.: Fachbegriffe der Leibserziehung und des Sports, Bern (1971).

Die heute praktizierte *Speerwurftechnik* stellt zum Beispiel ein solches rationales Lösungsverfahren dar. Im Gegensatz zu veralteten Techniken, bei denen der Speer mit Hilfe einer Handschlaufe geworfen oder sogar am hinteren Ende gefaßt wurde, erweist sich die heutige Technik als zweckmäßiger, erfolgreicher und sicherer. Vor einiger Zeit versuchte man eine neue Wurftechnik mit Drehung, die Weiten von über 100 m ermöglichte. Sie wurde aber wegen ihrer Gefährlichkeit durch Neufassung der Wettkampfbestimmungen verboten.

Dieses und andere Beispiele zeigt uns sehr deutlich, daß es keine allgemeingültige und unveränderliche Sporttechnik gibt und geben kann. Im Sport haben wir keine „Rezepte", die für alle Sportler und für alle Zeiten eine Patentlösung darstellen können. Sportliche Techniken entwickeln sich in der Praxis, verändern sich mit ihr, werden ständig korrigiert, vervollkommnet oder ganz bzw. teilweise abgeschafft.

So wurde z.B. die im *alpinen Skilauf* lange Zeit dominierende „Stemmtechnik" zur unvergleichlich schnelleren und flüssigeren „Umsteigetechnik" weiterentwickelt.

Im Jahre 1961 demonstrierte der von Dr. JAMES COUNSILMAN trainierte CHET JASTREMSKI eine neue Form des *Brustschwimmens*, der „Jastremski-Stil", „Pump-Stil" oder „Sprung-Stil" genannt wird. Diese Technik beruht auf den Elementen: kurzer, kräftiger Armzug, kurze, enge Schwunggrätsche und späte Atmung. Erst durch diese schnelle Zugfolge war es möglich, auch die Kondition voll auszuspielen. Jastremski brach damals alle Weltrekorde im Brustschwimmen. Seitdem schwimmen fast alle Spitzenschwimmer mit dieser Technik.

Ein weiteres Beispiel aus dem Schwimmsport stellt die Einführung der *Rollwende im Kraulschwimmen* dar. Auf sie werden wir später noch genauer eingehen.

Bei allen Sporttechniken erkennen wir einerseits rationelle Hauptbestandteile allgemeinverbindlicher Art, andererseits beobachten wir individuell bedingte Besonderheiten, die keine allgemeine Gültigkeit beanspruchen können.

Die schnelle und hohe Schwungbewegung des Schwungbeines, die sich mit der Abdruckbewegung des Sprungbeines z.B. beim *Hochsprung* verbindet, kann als rationeller Hauptbestandteil aller Hochsprungtechniken angesehen werden. Elemente wie Größe, Kraft, Konstitution und Proportion der Extremitäten des Sportlers, Gewicht, Temperament (Typ des Nervensystems), Koordinationsfähigkeit und Reaktionsschnelligkeit usw. sind individuell bedingt. Das Kopieren individueller Besonderheiten der Haltung oder der Bewegungsausführung wirkt sich daher erfahrungsgemäß meist nachteilig aus.

In diesem Zusammenhang wollen wir auf die Bedeutung des Begriffes „Stil" kurz eingehen und ihn zur Technik abgrenzen: Der Stil eines Sportlers ist, wie oft laienhaft angenommen, nicht identisch mit den individuellen Besonderheiten, mit den persönlichen Varianten der Technik. Denn das hätte ja zur Folge, daß wir jedem Menschen einen „Stil" zuordnen müßten. Tatsächlich bezeichnen wir aber nur die herausragenden Bewegungsweisen als Stil, die wir bei den bedeutenden Persönlichkeiten im aktiven Sport beobachten. Im Stilbegriff spiegelt sich daher – im Unterschied zum Technikbegriff – nicht nur die rationelle und individuelle Art und Weise der Ausführung wider, sondern zugleich die moralische Kraft und Stärke der gesamten Persönlichkeit.

4.2 Biologische Grundlagen und Voraussetzungen zum Erlernen einer Technik

Die Technik einer Bewegung enthält angeborene bzw. genotypische (Erbmotorik) und erworbene bzw. phänotypische (Erwerbsmotorik) Elemente, die für die Leistungsfähigkeit eines Sportlers verantwortlich sind.

Die *Erbmotorik* läßt sich nicht oder nur kaum beeinflussen. Deshalb bilden Mängel in der Erbmotorik eine unzureichende Ausgangsbasis (Fundament) für die zu erlernenden Fertigkeiten. Sie stellen den positiven Verlauf des Trainingsprozesses in Frage. In der Regel sind angeborene Bewegungsschwächen aber nicht latent, sondern treten bereits im Grundlagentraining, also am Anfang der Trainingsplanung auf.

Darüber hinaus muß jeder Trainer die biologischen Gesetzmäßigkeiten kennen, von denen das *Erlernen neuer Bewegungen* abhängig ist. In erster Linie handelt es sich hierbei um neurophysiologische Vorgänge, die von PAWLOW und seinen Schülern (z. B. ANOCHIN) erforscht und dargestellt werden. Im sportlichen Bereich haben wir es mit motorischen Lernanteilen, also mit motorischen Lernprozessen zu tun.

Nach MEINEL vollzieht sich der motorische Lernprozeß in drei Phasen:

I Entwicklung der Grobkoordination der Bewegung
II Entwicklung der Feinkoordination der Bewegung
III Stabilisierung der Feinkoordination und Entwicklung der variablen Verfügbarkeit

Diese Phasen sind nicht immer klar voneinander abgegrenzt, fließen ineinander über und können von sehr unterschiedlicher Dauer sein.

Neurophysiologisch betrachtet ist jede sportliche Bewegung eine Kette aufeinanderfolgender Reflexe. Dabei interessieren vor allem die *bedingten Reflexe*. Das sind unbewußt ablaufende, durch innere und äußere Reize ausgelöste Nerv-Muskel-Reaktionen, die sich als Folge einer Gewöhnung entwickelt haben. Jeder Reiz führt in der Großhirnrinde, dem höchsten Zentrum des ZNS (Zentralnervensystems), zu einer Erregung bestimmter motorischer Felder. Handelt es sich um einen neuen, dem Organismus bisher unbekannten Reiz (afferenten Nervenimpuls), – das ist beim Erlernen jeder sportlichen Bewegung der Fall – dann dehnt sich die Erregung auch über die benachbarten Felder aus. Wir sprechen hier von der sog. *Irradiation*. Zunächst wird also jede neue Bewegung von höheren Zentren des ZNS ausgelöst und kontrolliert. Der Trainer erkennt diesen Vorgang der Irradiation daran, daß bei den ersten Versuchen seines Schülers, eine neue Bewegung auszuführen, viele unnötige Nebenbewegungen mit ausgeführt werden. Der Lernende befindet sich jetzt in der ersten Phase des sensomotorischen Lernprozesses (Grobkoordination).

Im Verlauf des weiteren Übens werden die Erregungszentren in der Großhirnrinde begrenzt. Es entwickeln sich *Hemmungsprozesse*, so daß die überflüssigen Nebenbewegungen allmählich abgebaut werden. Darüber hinaus werden die niederen Zentren des ZNS schrittweise in den Steuerungsmechanismus miteinbezogen. Reflexzentren im Mittelhirn korrigieren dann die dem Bewußtsein nicht mehr unmittelbar zugänglichen Einzelbewegungen. Dadurch wird der Zustand einer Differenzierung der Erregungs- und Hemmungsprozesse bzw. der Feinkoordination einer Bewegung hergestellt. Nach einer weiteren Vervollkommnung wird schließlich die Phase der Stabilisierung und Automatisierung erreicht, d.h. das System der Erregungen und Hemmungen wird durch wiederholtes Üben stabil. Dieses System wird auch als *motorisches Stereotyp* bezeichnet.

Der gesamte Lernprozeß erstreckt sich über einen Zeitraum von einigen Jahren. Dauer und Erfolg sind neben der motorischen Veranlagung (Erbmotorik), dem Trainingsfleiß, vor allem auch von der Fehlerkorrektur abhängig. Besonders in der 2. Lernphase muß der Trainer

versuchen, falsche Bewegungen auszuschalten. Die Korrektur muß dabei planvoll erfolgen. Er sollte von folgenden Gesichtspunkten ausgehen:
a) Sind die Bewegungen in der Hauptphase richtig?
b) Ist die Richtung der Bewegungen zweckmäßig?
c) Ist der Rhythmus des Krafteinsatzes der Bewegungsstruktur angepaßt?

Die häufigsten Ursachen für Fehler sind:
a) Falsche Bewegungsvorstellungen,
b) mangelhaftes Niveau der motorischen Grundeigenschaften,
c) schlechte Koordinierung der Bewegungen,
d) falscher Krafteinsatz,
e) unzureichende Aufmerksamkeit,
f) äußere Einflüsse (Anlagen, Geräte).

Durch die Korrektur eines Fehlers können unter Umständen gleichzeitig andere Bewegungen verbessert werden. Es kann aber auch das Gegenteil eintreten, vor allem dann, wenn der Trainer die Aufmerksamkeit des Athleten auf mehrere Fehler zugleich lenken will.

Welche wichtigen Schlußfolgerungen können wir aus diesen Erkenntnissen für die Trainingspraxis ziehen?

Zusammenfassend läßt sich folgendes feststellen:

Einmal erworbene Erfahrungen und erlernte sensomotorische Fertigkeiten werden als Bewegungsmuster im Gedächtnis (Langzeitgedächtnis) gespeichert. Dabei gilt: Je weniger eine Bewegung automatisiert ist, um so höher ist die Ebene im ZNS, die konkrete Einzelheiten für die Bewegung programmiert, und umgekehrt, je höher die Automatisierung ist, umso mehr werden die konkreten Einzelheiten der Bewegung von niederen Ebenen im ZNS gesteuert.

Automatisierte Bewegungen sind schnell, sicher und präzis. Für den Außenstehenden erscheinen sie fast mühelos. Die automatisierte Bewegung kann ohne Nachdenken vollzogen werden. Dadurch kann der Sportler seine Aufmerksamkeit z.B. auf taktische Bereiche im Wettkampf oder auf bestimmte Knotenpunkte der Bewegung (nach MEINEL) lenken, z. B. auf den Absprung bei Sprungübungen.

Automatismen können sich aber manchmal auch negativ bzw. im Lernprozeß hemmend auswirken. Die Lernphasen eines Sportlers sind ja nie völlig beendet und abgeschlossen. Deshalb kann auch nicht davon gesprochen werden, daß ein Athlet die Technik in absoluter Vollendung beherrscht. Viele Aktive werden im Laufe ihrer technischen Ausbildung dazu veranlaßt, umzulernen. Dafür können mehrere Ursachen verantwortlich sein; z. B. kann sich die Technik weiterentwickelt haben, es können im Sportgerätebau neue Maßstäbe gesetzt werden, die Wettkampfbestimmungen können geändert werden und was sehr oft der Fall ist, es sind Fehler im Bewegungsablauf bereits eingeschliffen worden, die erst beim Trainerwechsel bemerkt werden. MEINEL spricht in diesem Zusammenhang von *Interferenz*. Ein Umlernen kann manchmal schwieriger sein als ein Neuerlernen.

Deshalb gilt in der technischen Ausbildung für Trainer und Aktive folgender Kernsatz:

Die Fähigkeit, neue Bewegungen zu erlernen und erlernte zu verändern, ist um so größer, je vielfältiger und zahlreicher die bereits vorhandenen motorischen Stereotype sind, die sich ein Sportler aufgrund seiner vielseitigen sportlichen Praxis angeeignet hat.

4.3 Die Methoden des Techniktrainings mit entsprechenden Übungsbeispielen

Das Techniktraining unterliegt, wie wir gesehen haben, den Gesetzmäßigkeiten des motorischen Lehr- und Lernprozesses. Dieser Prozeß wird in allen Phasen von einem hohen Ausbildungsstand der motorischen Grundeigenschaften stark beeinflußt. Techniktraining und die Entwicklung der motorischen Grundeigenschaften greifen deshalb ineinander und ergänzen sich.

Als Beispiel für eine technische Sportart haben wir anfangs schon das *Geräteturnen* gewählt. Wir wollen an dieser Sportart die wichtigsten methodischen Verfahren ableiten und interpretieren. Zur Vervollkommnung allgemeiner körperlicher Voraussetzung, insbesondere im Kindes- und Jugendalter, eignet sich hier das Hindernisturnen. Es stellt zwar keine spezielle Vorbereitung auf das Geräteturnen dar, aber es kann durch einen entsprechenden Aufbau neben der Verbesserung der motorischen Grundeigenschaften auch evtl. vorhandene Ängste abbauen und damit die Motivation fördern. Ein wichtiger methodischer Grundsatz sagt:

Mit der Schulung von turnerischen Elementen darf erst begonnen werden, wenn die physischen Voraussetzungen geschaffen sind[1].

---

[1] Das gilt analog auch für andere Sportarten!

Darüber hinaus muß bei einer technischen Sportart, die wie das Geräteturnen schwer zu erlernende komplexe Verbindungen enthält, als Grundlage ein System von sog. *Fundamentalelementen* erarbeitet werden. Man konnte durch Untersuchungen nachweisen, daß jugendliche Turner ihre Leistungen schneller steigerten, wenn jeweils vom Erlernen und Festigen der Fundamentalelemente ausgegangen wurde. Einfache Fundamentalelemente des Geräteturnens sind z. B. der Hang, der Stütz, der beidbeinige Absprung und das Schwingen.

Schwierige Fundamentalelemente bzw. -übungen sind z. B.:

am Boden:
a) Handstandüberschlag;
b) Rolle rückwärts in den Handstand;
c) Flick-Flack;
d) Salto vorwärts;

am Reck: (z. B. Aufschwung- und Umschwungbewegungen)
a) Felgunterschwung vorlings;
b) Riesen-Felgumschwung;
c) Felgauf- und Felgumschwung in den Handstand;
d) Riesenstemmumschwung;
e) Kippumschwung vorwärts.

Wir wollen hier nicht näher auf die Merkmale und Funktionen dieser und anderer Fundamentalelemente eingehen, sondern exemplarisch eine zweckmäßige methodische Reihenfolge und die dabei zugrundeliegenden, wichtigsten Kriterien für das Erlernen von Elementen aufzeigen. Grundsätzlich vollzieht sich der methodische Weg im allgemeinen vom Einfachen zum Schwierigen, von bekannten zu unbekannten Lernzielen. Bei dem Lernziel „Überschlag rückwärts am Reck" gilt folgende Lernsequenz:

1. Fundamentalelement: „Aus dem Stütz Rückschwung in den Handstand"
2. Fundamentalelement: „Riesen-Felgumschwung"
3. Fundamentalelement: „Überschlag rückwärts".

Diese und auch jede andere methodische Reihung umfaßt ein folgerichtiges Fortschreiten von Element zu Element mit dem Ziel den Athleten psychologisch, physisch und motorisch an das Beherrschen ausgewählter Elemente, Verbindungen und Kombinationen heranzu-

führen. Dabei hat sich vorwiegend die Ganzheitsmethode bewährt, die im Gegensatz zum analytisch-synthetischen Lehrverfahren, von „natürlichen Ganzheiten" des menschlichen Bewegens, den Handlungen und Tätigkeiten ausgeht und sie im Lernprozeß zu erhalten sucht.
Bei der methodischen Entwicklung technischer Fertigkeiten unterscheidet man gemäß dem motorischen Lernprozeß drei Stufen: **Erarbeiten, Festigen** und **Anwenden** eines Elements. In diesen Stufen sind folgende methodisch technische Richtlinien zu beachten:

1. Stufe:

Ziel: „Erarbeiten eines Elementes in der Grobform"
a) Bewegungsführende Hilfe soll gegeben werden, d.h. der Übende wird bereits bei den ersten Übungsversuchen in die richtige Bewegung hineingeführt,
b) Die Übungsbedingungen können erleichtert werden, z.B. durch Absprung-, Abdruckhilfen, günstigere Griffe oder Hilfsgeräte,
c) Schwierige Bewegungsabläufe können ohne Geräte in der Grobform immitiert werden,
d) Der Trainer kann visuelle Orientierungspunkte oder -markierungen einsetzen, z.B. Kreidestriche auf der Bodenmatte für das Aufsetzen der Hände,
e) Der Trainer macht die Übung selbst vor,
f) Er demonstriert den Bewegungsablauf anhand von Bildreihen, Ringfilmen, Videorecorderaufzeichnungen, Filmen in Zeitlupe.
Die Punkte e) und f) bezeichnet man als *observatives Training*. Der Lernende soll durch wiederholte Beobachtung eines technischen Elements eine Vorstellung von dem richtigen Bewegungsablauf erhalten. Der Trainer wird dabei zusätzlich die wichtigsten Passagen eingehend erklären.

2. Stufe:

Ziel: „Ein Element soll zur Feinform gebracht und gefestigt werden"
a) Elemente gleicher Struktur können an verschiedenen Geräten geübt werden.
b) Erschwerende Faktoren in den Bewegungsablauf können eingebaut werden, z.B. Erhöhung der Reckstange, größere Entfernung des Sprungbrettes vom Gerät u.a.
c) Das Umsetzen der Hände (der Griff ist aus ökonomischen Gründen an bestimmten Stellen des Elements zu lockern) muß als typisches Merkmal des Geräteturnens speziell geschult werden.

d) Verstärktes Einbeziehen von Spiel und Wettbewerbsformen, sowie Partnerübungen.
e) Durchdenken eines Bewegungsablaufes und geistig-seelische Verarbeitung von Fehlerkorrekturen.

Dieser letzte Punkt hat im Techniktraining eine besondere Bedeutung. Denn neben der praktischen Schulung muß auch das *mentale Training*, gerade bei sportlichen Fertigkeiten, die ein hohes Maß an Bewegungskoordination und -kombination verlangen, methodisch gezielt angewendet werden. Seine Wirkung wird mit dem CARPENTER-*Effekt* erklärt, d. h. mit Mikroinnervationen der Muskulatur.

Unter mentalem Training verstehen wir die systematische, intensive gedankliche Vorstellung eines Bewegungsablaufes ohne gleichzeitigem praktischem Vollzug[1].

Das mentale Training beschleunigt nicht nur Lernvorgänge, indem entsprechende und bereits erwähnte neurophysiologische Reaktionen hervorgerufen werden, sondern es kann auch die psychologische Vorbereitung des Sportlers durch Vorausdenken, z.B. bestimmter Wettkampfsituationen, positiv beeinflussen. Voraussetzung ist jedoch, daß der Aktive verschieden ähnliche Bewegungssituationen bereits erlebt hat und entsprechende Engramme in den senso-motorischen Feldern der Großhirnrinde zur Verfügung hält. Das mentale Training ist folglich als ausschließliches Prinzip sicher nicht denkbar.

Die Stabilisierung bzw. Festigkeit ist eine wichtige Vorbedingung für die dritte Stufe.

3. Stufe:

Ziel: „Das Anwenden erlernter Elemente im Wettkampf"

a) Zwei Elemente werden erst dann zu einer Verbindung vereint, wenn sie in der Feinform geturnt werden können.
b) Mehrere Elemente sollen „nahtlos" ohne Zwischenphasen bzw. Zwischenschwünge beherrscht werden.
c) Mehrere Verbindungen werden zu einer Kombination verschmolzen.
d) Beim Turnen von Kombinationen soll der Turner nicht immer an einer Stelle des Gerätes bleiben. Er muß am Gerät wandern, um alle Turnflächen ausnutzen zu können ⟶ Leistungssteigerung.

[1] Röthig (1977).

Übungen

1. Übungsbeispiel: Die Kippe

In der Abb. 23 (S. 114/115) zeigen wir eine Möglichkeit der methodischen Reihung zur Entwicklung der Fundamentalübung „Kippe". Die Verbindung dieser Übung mit verschiedenen Ausgangs- und Endlagen zur weiteren Leltungssteigerung ist graphisch dargestellt.

2. Übungsbeispiel: Die Rollwende

Voraussetzungen:

Seit den Olympischen Spielen 1964 in Tokio besagt die Wettkampfregel beim Kraulschwimmen, daß der Schwimmer beim Wenden die Beckenwand mit einem beliebigen Körperteil berühren darf. Es haben sich verschiedene Kraulwenden herausgebildet. Die Drehwende und die Rollwende werden heute am häufigsten praktiziert. Weltklasseschwimmer bevorzugen die Rollwende, weil sie gegenwärtig die schnellste Wendeart ist.

Im folgenden wird die Technik der Rollwende beschrieben und ihre methodische Entwicklung, verbunden mit einer Fehleranalyse, aufgezeigt.

Bewegungsbeschreibung:

Die Rollwende wird mit dem Kopf und mit einem Arm oder mit beiden Armen eingeleitet (Ausführungsvariante). Das Anschwimmen muß mit maximaler Geschwindigkeit erfolgen. Sobald der Kopf des Schwimmers ca. 1,2–2 m von der Beckenwand entfernt ist, beginnt er seinen letzten Armzug, hier mit der rechten Hand. Eingeatmet wird kurz vor der Wende. Zur Orientierung schaut der Schwimmer zur Beckenwand (1).

Der rechte Arm vollendet die Druckphase bis zum Oberschenkel, während der linke Arm weiter nach hinten geführt wird und den Körper in die Drehung zieht. Die Beine gehen geschlossen an die Wasseroberfläche und bereiten sich auf einen leichten Delphinschlag vor (2).

Der Kopf wird jetzt nach unten gedrückt. Beine und Füße werden parallel zusammengehalten und die Beine im Kniegelenk gebeugt. Dabei liegen die Hände seitlich am Oberschenkel. Die Handflächen zeigen nach unten (3).

Der Kopf wird nun weiter nach unten gebeugt, um den Körper in die Drehrichtung zu steuern. Die Füße werden mit einer Delphinbewegung nach unten geschlagen, um das Anheben der Hüften zu gewährleisten (4).

Wenn der Kopf den tiefsten Punkt erreicht hat, werden die Beine angehockt und über der Wasseroberfläche zur Beckenwand geschwungen (Drehung um die Breitenachse). Dabei führt der Schwimmer eine Viertel-Drehung um die Körperlängsachse aus. Diese Aktion wird unterstützt, indem der rechte Arm zum Kopf geführt wird und die linke Hand eine leichte Kreisbewegung beschreibt (5).

Nach der Viertel-Drehung um die Körperlängsachse werden die Füße ca. 40 cm unter dem Wasserspiegel an die Beckenwand gesetzt (Abstoßposition). Der Körper befindet sich bei dieser Aktion in einer Seitenlage, der Kopf liegt zwischen den Armen (6).

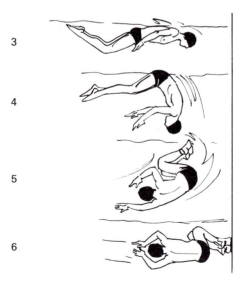

3

4

5

6

Aus dieser Lage erfolgt das schnellkräftige Abstoßen der Füße von der Beckenwand, verbunden mit einer Körperstreckung (7).

Der gestreckt gleitende Körper wird dann von der Seitenlage in die Brustlage gedreht. Zuerst beginnt der Beinschlag wieder, darauf setzt die Armbewegung ein (8).

Methodische Entwicklung und Fehleranalyse:
1. Stufe: Erarbeiten der Rollwende

Demonstration:

Da es sich bei der Rollwende um ein relativ schwieriges Bewegungselement handelt, sind zunächst verschiedene Demonstrationen des Bewegungsablaufes z. B. mittels Ringfilm und entsprechenden Erklärungen notwendig. Der Übende kann so die Gesamtbewegung in ihrer Grobform zunächst vorstellungsmäßig erfassen.

Vorübungen:

Sicheres und schnelles Wenden ist vor allem von den motorischen Eigenschaften wie Gewandtheit, Reaktionsschnelligkeit und Abstoßkraft abhängig. Deshalb eignen sich bereits an Land alle Übungsformen, die diese Bewegungseigenschaften fördern. An Land kann auch schon das Kernelement des Bewegungsablaufes der Rollwende, die Drehbewegung, durch eine Rolle vorwärts mit gleichzeitiger, halber Drehung in die Seitenlage simuliert werden.
Im Wasser sind solche Vorübungen durchzuführen, die dem Schwimmer die Drehimpulse vermitteln und die Orientierung während der Drehung festigen. Geübt werden deshalb Drehungen um die Längs-, Tiefen- und Breitenachse des Körpers. Dabei ist besonders das schnelle Anhocken der Beine, der Einsatz des Kopfes, des freien Armes, der Schultern und der Hüfte zu schulen.

Übungen:
a) Mehrmaliges Drehen um die Körperlängsachse, die Beine sind dabei angehockt und die Arme unterstützen die Drehung. Als eine Abwandlung können auch die Arme vor der Brust verschränkt

werden, dann muß die Hüftbewegung für die Drehung verstärkt werden.
b) Mehrmaliges Drehen mit und ohne Unterstützung der Arme. Der Körper befindet sich dabei aufrecht im Wasser.
c) Mehrmaliges Drehen um die Körpertiefenachse. Der Lernende liegt auf dem Rücken oder auf dem Bauch, die Beine sind angehockt, der Kopf ist leicht zur Brust hin angezogen, Arme und Beine bringen den Körper in die gewünschte Drehrichtung.
d) Mehrmaliges Drehen um die Körperbreitenachse.
e) Aus der Schwimmbewegung drehen im Freiwasser (Freiwasser-Rollwende) ohne Berührung einer Beckenwand
f) Unterwasserabstoß in Seitenlage (links/rechts) mit Drehungen in die Schwimmlage und Übergang in die Schwimmbewegung (Kraul).

Alle hier aufgestellten Übungen sollen anfangs aus Sicherheitsgründen und wegen der besseren Orientierung mit Partnerhilfe ausgeführt werden.

Erlernen der Grobform:
Der Übende steht etwa zwei Meter von der Beckenwand entfernt im kniehohen Wasser. Sein Oberkörper ist zur Wand hin gebeugt. Wenn er die halbe Drehung bei der Rollwende nach rechts ausführen will (Rücken zeigt in der Abstoßposition auf die rechte Seite), ist der rechte Arm in Richtung Beckenwand vorgestreckt. Er stößt sich dann mit beiden Beinen kräftig vom Beckenrand ab, gleitet an die Wand und übt die Rollwende mit Abstoß und Übergang in die Schwimmbewegung. Nach dieser „Standform" erfolgt die Ausführung der Rollwende aus dem Anschwimmen der Beckenwand.

Fehler:
– Anfänger machen häufig nur eine Rolle vorwärts, so daß der Abstoß in Rückenlage stattfindet.
Abhilfe: Die halbe Drehung kann während der Wende mit Partnerunterstützung geübt werden. Ein Partner führt mehr oder weniger den passiven Schwimmer in den Bewegungsablauf hinein.
– Die Rollwende wird zu weit oder zu nah an der Beckenwand eingeleitet.
Abhilfe: Konzentrationssteigerung hilft hier vor allem weiter. Man kann auch versuchen, durch wiederholtes Probieren den günstigsten Zeitpunkt für die Wende zu erfassen. Eventuell helfen Markierungen z. B. mit Schwimmbrett oder auch ein akustisches Signal (Pfiff).

2. Stufe: Festigung des Bewegungsablaufes der Rollwende:

Im weiteren Übungsverlauf wird die Rollwende durchgeführt, nachdem die Beckenwand aus verschiedenen Entfernungen angeschwommen wurde. Darüber hinaus wird das Bewegungstempo, d.h. die Anschwimmgeschwindigkeit variiert, und die Drehungen müssen nach beiden Seiten trainiert werden. Die Rollwende kann auch durch Änderungen in der Kraulschwimmtechnik beeinflußt werden. Das Anschwimmen kann z.B. im Zweierschlag-, Überkreuzzweierschlag-, Viererschlag- und Sechserschlagrhythmus ausgeführt werden. Die Atemtechnik kann so verändert werden, daß bei jedem Armzyklus oder erst nach zwei oder mehr Armzyklen geatmet wird.

Fehler:
– Die Arme werden vor dem Abstoß gestreckt. Dadurch ist die Stromlinienform während des Unterwasserabstoßes gestört.
Abhilfe: Konzentration auf die Streckphase vor dem seitlichen Abstoß.

– Zu schwacher Abstoß von der Wand.
Abhilfe: Die Sprungkraft ist zu verbessern. Es ist zu beachten, daß die ganze Fußsohle und beide Füße gleichzeitig die Beckenwand berühren.

3. Stufe: Anwenden der Rollwende

In Partnerspielen kann zunächst unter erleichterten Bedingungen die Feinform dieser Wendetechnik weiter ausgefeilt und automatisiert werden.

Übungen:
a) „Wer wendet am schnellsten?" Zwei Sportler leiten nach kurzem Anschwimmen nahezu gleichzeitig die Wende ein. Die Zeit ihres Bewegungsablaufes wird gestoppt.
b) „Wer hat den kräftigsten und weitesten Abstoß?" Zwei Schwimmer führen die Rollwende so aus, daß sie nach dem Abstoß lediglich gleiten. Gemessen wird die Länge der Gleitphase.
c) Im weiteren Verlauf des Ausbildungsprozesses wird die erlernte Feinform in zahlreichen regionalen und überregionalen Wettkämpfen erprobt und stabilisiert.

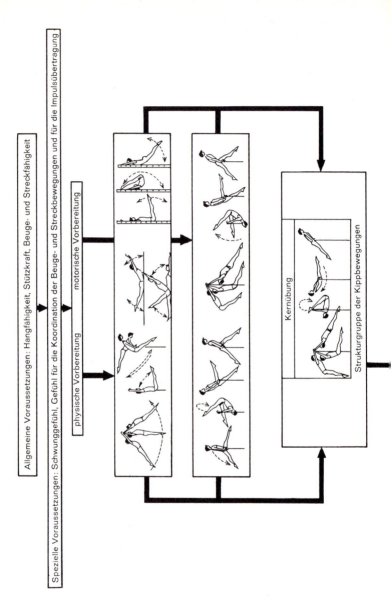

Abb. 23: Die Fundamentalübung „Kippe" (nach BORRMANN, 1974)

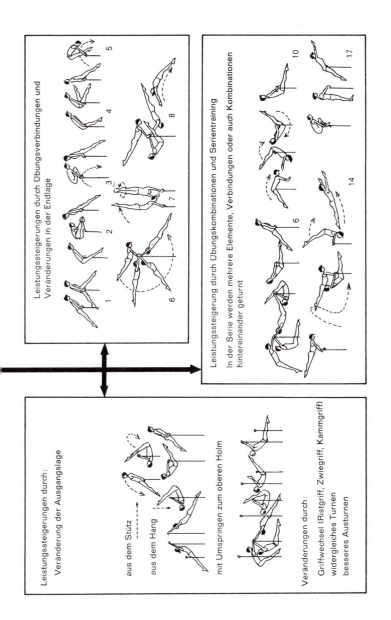

4.4 Fragen und Aufgaben

1. a) Charakterisieren Sie die Entstehung eines automatisierten Bewegungsablaufes an einem Beispiel aus der Leichtathletik (Sprung- oder Wurfdisziplin).
   b) Erklären Sie anhand dieses Beispiels welche morphologischen und biomechanischen Merkmale eine technisch perfekte Bewegung kennzeichen.
2. Definieren Sie den Begriff „observatives Training" an einem Beispiel.
3. Skizzieren Sie die Grundzüge des mentalen Trainings! Erklären Sie das Phänomen und nehmen Sie zu den Einsatzmöglichkeiten und Grenzen dieser Trainingsform auch im Hinblick auf eine Verwirklichung im Schulsport Stellung.
4. Was versteht man unter „autogenem Training"? Grenzen Sie diesen Begriff gegenüber dem mentalen Training ab.
5. In welchen Phasen vollzieht sich der sensomotorische Lernprozeß? Erläutern Sie stichwortartig die wesentlichen neurophysiologischen Vorgänge!
6. Beschreiben Sie möglichst genau je einen Bewegungsablauf aus einer Individual- und Mannschaftssportart. Welche Bedeutung haben die Phasenstrukturen dieser Techniken für die Leistungssteigerung?
7. Multiple-Choice-Test
   Aus welcher Hirnregion stammen die Antriebe zu motorischen Handlungen?
   A) Aus dem Gebiet des limbischen Systems
   B) Aus den motorischen Assoziationsfeldern
   C) Aus den sensorischen Assoziationsfeldern
8. Was versteht man unter einem Reflexbogen? Zählen Sie die Glieder eines Reflexbogens auf.
9. Erarbeiten Sie unter Anleitung und Aufsicht erfahrener Athleten die drei Grundtechniken (Reißen, Stoßen, Drücken) im Gewichtheben. Welche Gesetzmäßigkeiten und Regeln müssen Sie bei der korrekten Ausführung dieser Techniken beachten?
10. Schulen Sie Ihr „technisches" Vorstellungsvermögen, indem Sie zu den Übungsbeispielen (Grobform der Rollwende, S. 112) einfache Skizzen mit Strichmännchen entwerfen und versuchen Sie weitere modifizierte Übungen zu kreieren.
11. Erstellen Sie eine Fehleranalyse bei folgenden Fundamentalübungen aus dem Geräteturnen: Rolle vorwärts, Hocke, Kippe.

12. Versuchen Sie, Ihre eigenen Fehler oder die Ihrer Mitschüler bei der Ausführung der Rollwende zu analysieren. Setzen Sie dabei audiovisuelle Hilfsmittel (z.B. Videorekorder) ein.
Welche Verbesserungsvorschläge können Sie sich selbst bzw. Ihren Mitschülern geben?
13. Referieren Sie über die unterschiedliche Rolle und Bedeutung des Einsatzes sportlicher Technik in verschiedenen Sportarten.
14. Referieren Sie über die biologischen Grundlagen und Voraussetzungen zum Erlernen einer Technik.

Weiterführende Literatur:

Borrmann,G.: Geräteturnen. Berlin (Ost), 1974. – Counsilman,J.: Schwimmen, Frankfurt/Main, 1975. – Koch,K., Bernhard,G., Ungerer,D.: Motorisches Lernen-Üben-Trainieren. Schorndorf, 1972. – Meinel,K.: Bewegungslehre, Berlin (Ost), 1976. – Nöcker,J.: Physiologie der Leibesübungen. Stuttgart, 1971. – Ungerer,D.: Zur Theorie des sensomotorischen Lernens, Schorndorf, 1973. – Schmolinsky,G.: Leichtathletik, Berlin (Ost), 1974.

5 DAS TAKTIKTRAINING

5.1 Allgemeine Grundlagen

Leider muß man vorweg sagen, daß die Erforschung der sportlichen Taktik in der Trainingslehre bisher recht stiefmütterlich behandelt wurde. Wissenschaftlich fundierte Fakten über das Taktiktraining sind nur teilweise vorhanden, obwohl es doch eine wichtige leistungsbestimmende Komponente im Wettkampfsport darstellt.

Vielleicht liegt es daran, daß die Taktik in den einzelnen Sportarten einen so unterschiedlichen Stellenwert einnimmt. Sie wird von den Wettkampf-Formen und der dabei resultierenden gegnerischen Behinderung oder Beeinflussung geprägt. Wir können entsprechend den verschiedenen Sportarten und Sportdisziplinen *drei Wettkampf-Formen* unterscheiden, auf die das taktische Verhalten in der Vorbereitung und in der Durchführung während des sportlichen Wettstreites abgestimmt muß (nach HARRE):

1. Einzelkampf
   a) mit gegnerischer Behinderung (Radrennen, Skilanglauf, Motorsport u. a.),
   b) mit gegnerischer Beeinflussung (Schwimmen, Rudern, Schießsport, Reitsport u. a.);
2. Zweikampf
   a) mit gegnerischer Behinderung (Fechten, Boxen, Judo, Ringen),
   b) mit gegnerischer Beeinflussung (Tennis-Einzel, Tischtennis, Billard u. a.);
3. Mannschaftskampf
   a) mit gegnerischer Behinderung (Fußball, Handball, Basketball, Eishockey u. a.),
   b) mit gegnerischer Beeinflussung (Volleyball, Faustball, Staffeln u. a.).

Taktiktraining ist demnach eine Trainingsart mit dem Ziel, sich Wettkampfsituationen anzupassen und diese optimal bewältigen zu können[1].

---

[1] nach P. RÖTHIG (1977)

Die Grenzen und Möglichkeiten des taktischen Verhaltens sind bei den Aktiven abhängig von den Faktoren:
- Kondition
- psychischer Zustand
- Technik

Das taktische Verhalten muß demzufolge immer spezifisch für eine Sportart bzw. Sportdisziplin ausgearbeitet werden.

In den Sportspielen z. B. erkennen wir zusätzlich fünf weitere wichtige Einflußgrößen:
- Gemeinschaft mit dem Trainer
- eigene Mannschaft mit ihrem Betreuerteam
- Zustand der Sportanlage, Umwelteinflüsse (Witterung)
- Schiedsrichter
- Zuschauer.

5.2 Aufgaben der taktischen Ausbildung

Die taktische Ausbildung erfolgt als Einheit zwischen Theorie und Praxis. Dabei muß der Sportler immer das Ziel vor Augen haben, seine taktischen Fähigkeiten so auf das Verhalten des Gegners einstellen zu können, daß er stets Vorteile im Hinblick auf das Wettkampfziel erreichen kann. Diesem Ziel ist ein breites Aufgabenfeld untergeordnet. Zu den Aufgaben gehören außer der *Kenntnis über Wettkampfbestimmungen* bzw. Spielregeln und der *Aneignung taktischer Fertigkeiten* (automatisierte taktische Handlungen) insbesondere die objektive *Einschätzung des eigenen und gegnerischen Leistungsvermögens*, das mit Hilfe von Wettkampfanalysen und Resultatsstudien verwirklicht werden kann.

Darüber hinaus spielt das *taktische Denken* eine wichtige Rolle. In diesem Begriff kommt die Fähigkeit zum Ausdruck, taktische Konzepte vor dem Wettkampf zu planen und sie unter den komplizierten, sich ständig ändernden Wettkampfbedingungen selbständig zu realisieren. Welche Vorteile erhält der Sportler dadurch? Er kann seine Kräfte rationell einsetzen, seine Technik zweckmäßig anwenden, taktische Systeme und Kombinationen elastisch gestalten, d. h. schnell umschalten und sich neuen unvorhersehbaren Wettkampfsituationen anpassen. Außerdem muß das *Selbstbewußtsein* des Aktiven gestärkt werden und das Vertrauen zum Trainer gewonnen und somit vertieft werden. Fehlt dieses Vertrauen, können noch so gut ausgearbeitete taktische Programme in der Praxis kaum zur Geltung kommen. Generell können

Mängel in der taktischen Ausbildung zu erheblichen Nachteilen führen und über Sieg oder Niederlage entscheiden. Wenn z. B. das Bewußtsein eines Spielers so stark mit der Analyse des Spielgeschehens beschäftigt ist, kann er an sein eigenes Verhalten zwischen den Einsätzen nicht mehr denken. Die Folge ist, daß der Betreffende im Spielfeld „herumsteht" und seine Einsatzbereitschaft vernachlässigt. Dieses Phänomen beobachten wir vor allem bei Anfängern und Fortgeschrittenen, bei denen in erster Linie taktische Basishandlungen noch zu wenig geschult wurden. Aufgrund dieser vielschichtigen Ausbildungskriterien soll auf eine angemessene Dosierung und den methodisch zweckmäßigen Einsatz aller taktischer Aufgaben in der Trainingsplanung geachtet werden.

5.3 Die methodische Gestaltung des Taktiktrainings am Beispiel des Basketballspiels

Bei der Beschreibung der Methoden müssen wir dem Ziel der taktischen Ausbildung Rechnung tragen. Die methodische Ausbildung vollzieht sich dabei wie der Bau eines Hauses von elementaren zu komplexen Abschnitten.

Folgende Aufgaben sind in diesen Abschnitten zu erfüllen:
1. Motorisches Erlernen und Festigen der individuellen und kollektiven taktischen Verfahren und Varianten des Spiels.
2. Entwickeln der Fähigkeiten zur zweckmäßigsten taktischen Anwendung motorischer gefestigter Elemente (Techniken) und Verfahren (entsprechend dem gegnerischen Verhalten, den Spielsituationen und dem taktischen Plan).

Die methodische Gestaltung des 1. Aufgabenabschnittes:

Je nach den Schwerpunkten in den einzelnen Etappen der Taktik-Ausbildung sind die entsprechenden technischen Übungsformen zu schulen. Bei der Ausbildung selbst wird von den *taktischen Hauptverfahren*, unter Beachtung der technischen Aspekte, ausgegangen. Das Üben von Variationen und Alternativen schließt sich erst in einem zweiten Aufgabenabschnitt an.

Beispiel: „Individueller Durchbruch zum Korb" (Hauptverfahren)
– aus dem Stand rechts und links
– aus der Bewegung rechts und links
– mit Abstoppen und Sprungwurf
– mit Zuspiel
– mit Sidestep.

Die Spieler müssen beim Erlernen der taktischen Bewegungsfolgen mit den fachlichen Bezeichnungen vertraut gemacht werden. Begriffe wie *Sperre, give and go, Schirm, Doppeln* u. a. ermöglichen eine rasche Verständigung und damit vor allem einen effektiven Übungsbetrieb.

Methodische Gestaltung des 2. Aufgabenabschnittes:

Die Grundlagen des 1. Aufgabenabschnittes werden hier qualitativ weiterentwickelt. Die Übungen enthalten jetzt drei Inhaltskomplexe mit verschiedenen Teilaufgaben:
a) taktische Hauptverfahren (Angriff und Verteidigung)
b) festgelegte Varianten (Planvariable)
c) nicht festgelegte schöpferische Variationen.

Die Inhaltskomplexe werden nach der in ihnen enthaltenen Anzahl taktischer Hauptverfahren unterschieden. Kleinere Komplexe bestehen aus einem taktischen Hauptverfahren, dessen Planvariablen und schöpferischen Variationen. Größere Komplexe weisen mehrere Hauptverfahren mit ihren Planvariablen und schöpferischen Variationen auf.

Beispiel (kleiner Komplex)
a) Hauptverfahren:
   Individueller Durchbruch zum Korb bei 1:1-Situation (Abb. 24)
b) Planvariable:
   – Positionswurf, wenn locker gedeckt wird
   – Abstoppen und Sprungwurf, wenn Verteidiger zwischen Angreifer und Korb bleibt
   – Zuspiel aus dem Durchbruch, wenn zweiter Gegner übernimmt.

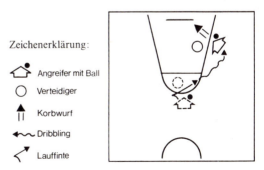

Zeichenerklärung:

⌂ Angreifer mit Ball

○ Verteidiger

▲ Korbwurf

↜ Dribbling

↙ Lauffinte

Abb. 24: Lösungsprogramm: Individueller Durchbruch zum Korb bei 1:1-Situation von Angreifer und Verteidiger

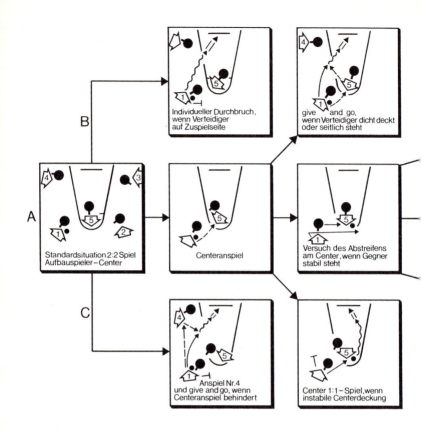

Abb. 25: Taktische Lösungsprogramme
Die Lösungsprogramme zeigt taktische Lösungswege im 2:2-Spiel von Aufbauspieler und Center. Die taktischen Verfahren: Abstreifen, give and go, Center-1:1-Spiel, Ausscheren, Schirmstellen, Lösen nach Abstreifen und andere Varianten werden logisch dem Verteidigungsverhalten zugeordnet (nach HERCHER, W.: Basketball) Berlin (Ost), 1975

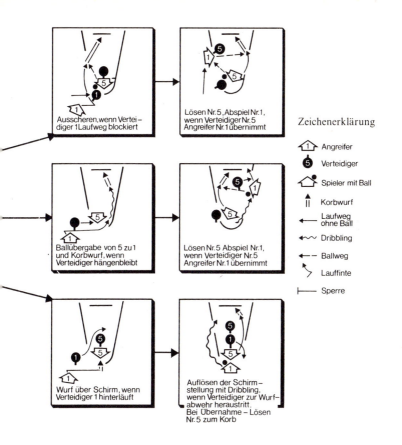

5.3 Gestaltung des Taktiktrainings des Basketballspiels 123

c) Schöpferische Variationen:
- Erzwungener Gleitdurchbruch trotz stabiler Verteidigung, wenn Größenüberlegenheit des Angreifers
- Unterhandwurfabschluß trotz stabiler Verteidigung, um Foul zu provozieren.

Vor dem Üben werden die Lösungsmöglichkeiten durch den Trainer demonstriert (→observatives Training!) oder spezifische Aufgaben gestellt. Eine sofortige, präzise, knappe Fehlerkorrektur ist dabei äußerst wichtig. Allerdings läßt ein ständiges Belehren die schöpferischen Kräfte der Spieler mit der Zeit verarmen. Deshalb sollten die Aktiven die taktische Vorbereitung und die Korrektur nach und nach selbst in die Hand nehmen. Das verstärkt die taktische Selbständigkeit der Spieler, die besonders in den Wettkampfspielen höherer Spielklassen in Form von schöpferischen Variationen zum Ausdruck kommen muß. Das methodische Üben von wichtigen 1:1-, 2:2- und 3:2-Situationen mittels gruppentaktischer bzw. individueller Verfahren und ihrer Varianten macht den Hauptinhalt der taktischen Ausbildung aus. Diese Verfahren sind Bausteine des Kombinationsspieles im Angriff. Sie können in *Lösungsprogrammen* zusammengefaßt werden (s. Abb. 25). Das Einüben und die taktisch gezielte Anwendung solcher Programme führt zu einem hohen Niveau im Taktiktraining.

5.4 Fragen und Aufgaben

1. Erläutern Sie den Begriff Taktik und zeigen Sie die Möglichkeiten der individuellen und kollektiven Taktikschulung am Beispiel eines Sportspiels auf.
2. Beschreiben Sie je drei typische taktische Verhaltensweisen in einer Individual- und Mannschaftssportart. Geben Sie die jeweiligen Zielsetzungen und Gegenmaßnahmen (Abwehr) dabei an.
3. Unter Taktik versteht man die Führung und Organisation des sportlichen Kampfes.
   a) In welchen Formen kommt er zum Ausdruck?
   b) Ordnen Sie jeder Form je 2 verschiedene Sportarten zu.
4. Welche Aufgaben sind bei der methodischen Gestaltung des Taktiktrainings zu erfüllen? Erläutern Sie einen Aufgabenabschnitt anhand eines Beispiels aus einer Individualsportart.

5. Welche wichtigen Einflußgrößen spielen in den Sportspielen eine Rolle? Diskutieren Sie exemplarisch eine dieser Einflußgrößen ausführlich unter Berücksichtigung entsprechender taktischer Verfahren in einer selbst gewählten Mannschaftssportart.
6. Stellen Sie ein zielgerichtetes taktisches Übungsprogramm, z.B. Läufersystem, für eine Mannschaftssportart (Volleyball) zusammen.
7. Skizzieren Sie die auf Seite 120 angegebenen Varianten bzw. schöpferischen Variationen des Hauptverfahrens „Individueller Durchbruch zum Korb" (1:1).
8. Konzipieren Sie entsprechende Varianten anderer Angriffs- bzw. Verteidigungsverfahren (z.B. Blocken).
9. Referieren Sie unter Berücksichtigung geeigneter Beispiele aus der Praxis über den Zusammenhang von Kondition, Technik und Taktik.

Weiterführende Literatur:

Baumann, S., Zieschang, K.: Handbuch der Sportpraxis, München, 1976. – Harre, D.: Trainingslehre, Berlin (Ost), 1973. – Hercher, W.: Basketball. Berlin (Ost), 1975.

6 SYSTEMATISIERUNG UND PLANUNG DES TRAININGSPROZESSES

6.1 Die Trainingsabschnitte – Ziele und Aufgaben

In allen Sportarten sind Höchstleistungen und Erfolge von einem langjährigen, intensiven und planmäßigen Training abhängig. Zum Erreichen von Spitzenleistungen auf internationaler Ebene muß ein Sportler drei Trainingsabschnitte (Trainingsstufen)[1] in seinem langfristigen Trainingsprozeß durchlaufen:

1. Abschnitt – Grundlagentraining
2. Abschnitt – Aufbautraining
3. Abschnitt – Leistungstraining.

Diese Reihenfolge ist allgemeingültig und darf auch in keinem Fall durchbrochen werden. Je nach Sportart bzw. körperlichen und geistigen Eigenschaften eines Sportlers können diese Abschnitte unterschiedlich beginnen und verschieden lang sein. Darüber hinaus spielen noch andere Faktoren eine wichtige Rolle. Zum Beispiel Qualität der Sportstätte, Betreuerpersonen (Trainer, Arzt, Masseur), berufliche Verpflichtungen, Elternhaus (Erziehung) u. a. Durchschnittlich kann insgesamt für die 3 Trainingsabschnitte mit einer Dauer von 10–12 Jahren gerechnet werden.

Der Beginn des Trainings liegt bei allen Sportarten in der Regel vor bzw. während der vorpuberalen Phase.

In besonderen Fällen, wenn ein Sportler z. B. als Anfänger bereits eine ausgezeichnete Körperkonstitution und günstige Hebelverhältnisse für eine bestimmte technische Disziplin mitbringt, aber rein altersmäßig das Grundlagentraining überschritten hat, kann das Grundlagentraining stark verkürzt absolviert werden, womit sich die Ausbildungsdauer insgesamt verringert. Das gilt vor allem für die Sportler, die sich aus irgendwelchen Gründen relativ spät zum Leistungssport entschlossen haben und einen schnellen Anschluß an die Spitzenklasse suchen. Das System des langfristigen Trainingsprozesses ist also nicht starr, sondern kann den jeweiligen persönlichen Situationen eines Aktiven spezifisch

---

[1] BERNHARD (1972) spricht von „Trainingsstufen"; THIESS (1964) hat statt dessen den Begriff „Trainingsetappe" geprägt.

angepaßt werden. Die Unterschiede in der Dauer der umfassenden Sportausbildung und in dem Lebensalter, in dem bestimmte Ausbildungsinhalte absolviert werden, ergeben sich aus dem Einfluß der leistungsbestimmenden Faktoren für die jeweilige Sportart. Aus diesem Einfluß der leistungsbestimmenden Faktoren und aus den Gesetzmäßigkeiten ihrer Entwicklung leiten sich die Ziele, die Aufgaben und der Inhalt der einzelnen Abschnitte des sportlichen Trainings ab. Dadurch wird eine Orientierung für die Gliederung des Trainings erreicht.

Die einzelnen Trainingsabschnitte sind aber nicht gegeneinander fest abgegrenzt, sondern gehen in der Praxis ineinander über.

6.1.1 Das Grundlagentraining des Leichtathleten

Das Ziel des Grundlagentrainings ist es, alle notwendigen Voraussetzungen dafür zu schaffen, daß im Höchstleistungsalter Spitzenleistungen vollbracht werden. Die wichtigste Aufgabe ist die gründliche Stärkung des Organismus, um ihn auf die hohen Belastungen der kommenden Jahre vorzubereiten. Ferner ist wichtig, daß die Jugendlichen so motiviert werden, daß sie regelmäßig am Training teilnehmen. Deshalb sollte eine enge Zusammenarbeit mit den Eltern angestrebt werden. Die später nötigen Willens- und Charaktereigenschaften können am ehesten beim Üben in einer Gruppe von Gleichaltrigen geformt und auch gefestigt werden.

Das Grundlagentraining wird in der Regel mit Kindern von 10–12 Jahren durchgeführt und umfaßt einen Zeitraum von 3–4 Jahren.
Im Grundlagentraining steht eine möglichst vielseitige athletische Ausbildung im Vordergrund. Es kommt darauf an, die motorischen Grundeigenschaften Kraft, Ausdauer, Schnelligkeit, Gelenkigkeit und Gewandtheit umfassend zu entwickeln.

Das kann in der Praxis nicht zur gleichen Zeit gleichmäßig geschehen. Der Trainer muß eine sinnvolle Akzentuierung wählen. Dabei geht es vor allem um eine Verbesserung der *Schnelligkeit*, da sportmedizinisch nachgewiesen wurde, daß die Latenzzeit physiologisch am günstigsten im Alter von 10–12 Jahren beeinflußbar ist und der Querschnitt der blassen Muskelfasern stark vergrößert werden kann. Verbessert werden sollte auch die *Kraft* und die *Gewandtheit*, während die Ausdauer und die Gelenkigkeit in diesem Alter nur erhalten werden sollte.
Als *technische Übungen* eignen sich Fang- und Ballspiele, Gymnastik und Wettkämpfe an und mit Geräten in Form des Kreistrainings, die

etwa 50–60% der Trainingszeit beanspruchen. In der anderen Hälfte der Trainingszeit sollten die Kinder nach dem Prinzip der Vielseitigkeit ein großes Angebot der unterschiedlichen leichtathletischen Disziplinen kennenlernen. Dabei kann besonders dieses günstige Lernalter ausgenützt werden, um die Bewegungsabläufe aller Disziplinen in der Grobform zu erlernen. Das sichert dem Lernenden einen großen Schatz an Bewegungserfahrungen und verbessert seine Gewandtheit.

In der *taktischen Ausbildung* sammelt der junge Athlet erste Wettkampferfahrungen und prägt sich die wichtigsten Wettkampfbestimmungen ein.

6.1.2 Das Aufbautraining des Leichtathleten

Das Aufbautraining beginnt zwischen dem 13. und 15. Lebensjahr und dauert etwa 4–6 Jahre.

Die im Grundlagentraining erworbenen körperlichen Fähigkeiten und technischen Fertigkeiten muß der Sportler jetzt zu vervollkommnen suchen, um für die hohen Anforderungen des Leistungstrainings optimal vorbereitet zu sein. Eine Disziplingruppe sollte schwerpunktmäßig trainiert werden.

Im Aufbautraining erfolgt zunächst eine Festlegung der Disziplingruppen (Lauf, Sprung, Wurf). Erst gegen Ende dieser Ausbildungsphase spezialisiert sich der Jugendliche auf eine Einzeldisziplin. Eine zu frühe Spezialisierung muß in jedem Falle vermieden werden, da sonst in dem 3. Abschnitt (Leistungstraining) eine Leistungsbarriere entstehen kann.

Als Kontrolle eignen sich z.B. für einen Werfer die folgenden Leistungsniveaux in den Disziplinen:

100-m-Lauf	12,0 s
110-m-Hürden	16,5 s
400-m-Lauf	56,0 s
Weitsprung	6,00 m
Hochsprung	1,65 m.

Analog wird auch bei einem Athleten der Lauf- oder Sprunggruppe verfahren. Darüber hinaus gewährleistet diese Leistungsbreite, daß der Sportler allein mit Hilfe der Mittel und Methoden des Aufbautrainings auf die im Leistungstraining geforderten Belastungen physisch und psychisch genügend vorbereitet ist. Neben der Beachtung der Richtlinien des Grundlagentrainings wird der Sportler dazu erzogen, die Ursachen seiner Leistungsfähigkeit (Begründung) selbst erkennen zu lernen.

Auftretende Schwierigkeiten in Lehre, Schule, Studium und Wehrdienst dürfen nicht zur Resignation führen. Hier muß der Trainer in Zusammenarbeit mit dem Elternhaus und den Aktiven Kompromißlösungen suchen. Sportgymnasien, Akademien der Bundeswehr und sportfördernde Industrieunternehmen versuchen diese zum größten Teil organisatorischen Schwierigkeiten heute aus dem Weg zu räumen. Erlebnisse wie z.B. Ausflüge, Besuch von größeren Wettkämpfen, Trainingslager u.a. können die Beziehung zum Sport vertiefen und festigen.

Es ist zweckmäßig das Aufbautraining der Entwicklung der *motorischen Leistungsfähigkeit* in zwei Etappen zu gliedern:

In der *1. Etappe*, die etwa 2 Jahre lang dauert, steht die allgemeine vielseitige athletische Ausbildung des Grundlagentrainings noch im Vordergrund.

Die *2. Etappe* zielt darauf ab, die Muskelgruppen bzw. Organe zu schulen, die für die gewählte Disziplingruppe relevant sind. So sind z.B. für den „Springer" folgende Übungen durchführbar:

a) Sprünge über verschiedene Hindernisse mit einbeinigem Absprung unter Beachtung eines relativ langen Absprungschrittes und das Erreichen einer entsprechenden Rückenlage in der Sprungauslage;
b) Sprünge mit unterschiedlichen Gewichten (Sandsack, Hantel, Gewichtweste) über, auf und von verschiedenen Hindernissen;
c) Sprünge mit verlängerter Flugphase, bei denen durch Drehungen um die Körperachsen besondere Anforderungen an die Orientierung gestellt werden (Überschläge, Rollen, Salti).

Mit Hilfe dieser oder ähnlicher vorbereitender Spezialübungen kann dann ein Bewegungsablauf einer bestimmten Disziplin mit größtem Krafteinsatz und hoher Schnelligkeit technisch richtig ausgeführt werden. Darüber hinaus werden charakteristische Bewegungselemente (Steigerungslauf, 5er-Rhythmus, Drehungen, Wurfauslage) aus anderen Disziplinen bevorzugt trainiert, die ebenfalls die für die Spezialdisziplin notwendigen Voraussetzungen schaffen können. Trotzdem bleibt die Wahl der Trainingsmittel und -inhalte ein Problem. Steigerungsläufe können sowohl der Entwicklung der allgemeinen Ausdauer, als auch der Verbesserung der speziellen Ausdauer dienen. Die Wahl der Methode ist hierbei ausschlaggebend. Der Trainer muß daher Trainingsmittel und Methoden genau prüfen und durchdenken, bevor er sie einsetzt.

Das Ziel der *technischen Ausbildung* in dieser Phase besteht darin, eine sehr gute Bewegungsausführung in den Spezialdisziplinen zu erreichen. Da die Fähigkeit neue Bewegungen zu erlernen in dieser Altersstufe erfahrungsgemäß noch recht gut ist, sollen die modernsten Techniken und Materialien verwendet werden. Eine im Hochleistungsalter notwendige Umstellung auf neue Erkenntnisse der Biomechanik (Rotationstechnik) und neue Geräte (Glasfiberstab) bringt keine großen Schwierigkeiten mit sich, wenn in der 1. und 2. Trainingsstufe die technische Ausbildung sehr umfangreich und vielseitig angelegt wurde. Sogenannte Stereotype müssen durch regelmäßiges und wiederholtes Üben unter wechselnden Bedingungen gefestigt werden.

Von der Forschungsstelle der Deutschen Hochschule für Körperkultur in Leipzig wurden folgende Normen für die Wettkampfresultate in der Leichtathletik am Ende des Aufbautrainings ermittelt:

Disziplin	männlich	weiblich
100 m	10,5 – 10,7 s	11,8 – 12,0 s
400 m	48,0 – 49,0 s	57,0 – 59,0 s
800 m	1:51 – 1:52 Min.	2:10 – 2:14 Min.
1500 m	3:51 – 3:53 Min.	–
3000 m	8:30 – 8:40 Min.	–
110 m/80 m Hürden	14,4 – 14,6 s	11,2 – 11,4 s
Hochsprung	1,96 – 2,01 m	1,64 – 1,67 m
Stabhochsprung	4,10 – 4,30 m	–
Weitsprung	7,20 – 7,40 m	6,05 – 6,15 m
Kugelstoß	16,5 – 17,0 m	14,8 – 15,2 m
Diskuswurf	51,0 – 53,0 m	48,0 – 50,0 m
Speerwurf	70,0 – 72,0 m	48,0 – 50,0 m
Zehnkampf	6800 – 7000 Punkte	–
Fünfkampf	–	4300 – 4500 Punkte

In der *taktischen Ausbildung* soll der Sportler viele unterschiedliche Wettkampfsituationen miterleben. Solide technische und konditionelle Grundlagen ermöglichen ihm eine offensive Wettkampfgestaltung. Ein wettkampfnahes Training sollte selbst unter klimatisch schlechten Bedingungen durchgeführt werden. Darüber hinaus sind vor allem psychische Belastungen so weit wie möglich mit einzukalkulieren. Sogenannte „Angstgegner" verlieren ihre Gefährlichkeit, wenn sie vom Trainer zusammen mit dem Aktiven sorgfältig analysiert werden und der Sportler oft Wettkämpfe gegen sie bestreitet.

6.1.3 Das Leistungstraining des Leichtathleten

Der Beginn dieses Trainingsabschnittes orientiert sich an dem erreichten Niveau im Aufbautraining und an dem Alter, an dem die Höchstleistung für die gewählte Disziplin zu erwarten ist. Das Leistungstraining hat das Ziel, den Leichtathleten unmittelbar an seine sportliche Höchstleistung heranzuführen.

Bei Sprintern und Springern liegt der Übergang vom Aufbau- zum Leistungstraining im allgemeinen etwas früher als bei Werfern oder bei Mittel- und Langstreckenläufern.

Die Höchstleistung muß über einen möglichst langen Zeitraum gehalten und nach Möglichkeit noch verbessert werden. Dazu ist heute ein tägliches Training Voraussetzung. Dem sportlichen Erfolg sind alle ausgewählten Trainingsformen und -methoden untergeordnet. Während im Aufbautraining noch die physischen Fähigkeiten überwiegend mit allgemeinen Trainingsmitteln entwickelt wurden, werden im Leistungstraining dagegen vor allem spezielle Verfahren angewendet. Im Kugelstoßen könnten das z. B. folgende Übungen zur Verbesserung der Schnellkraft sein:
- Standstöße mit der Wettkampfkugel
- Standstöße mit Stoßsteinen (doppeltes Gewicht der Kugel)
- beidarmiges Abstoßen einer Hantel (20–30 kg) von der Brust
- explosive Streckung der Beine und des Rumpfes aus der Stoßauslage mit der Hantel (20–30 kg) auf den Schultern.

Die im Verlauf des Aufbautrainings erlernten technischen Fertigkeiten werden weiterverbessert und stabilisiert.

6.1.4 Übersicht über den zeitlichen Verlauf der Trainingsabschnitte

Nach bisherigen Erfahrungen werden in dieser Übersicht[1] nur ungefähre Richtwerte aufgezeigt, die keine absolute Gültigkeit haben können. Es wird nach vier Sportartengruppen differenziert:

Technische Sportarten

(Eiskunstlauf, Geräteturnen, Leistungsgymnastik, Kunst- und Turmspringen)
Grundlagentraining:
 Beginn zwischen dem 5. und 7. Lebensjahr
Aufbautraining:
 Beginn zwischen dem 10. und 15. Lebensjahr

---

[1] nach HARRE (1973).

Leistungstraining:
  Beginn 12. Lebensjahr (Eiskunstlauf)
  Beginn 13. Lebensjahr (Geräteturnen, weibl.)
  Beginn 18. Lebensjahr (Geräteturnen, männl.)

Schnellkraftsportarten
(Sprint-, Sprung- und Wurfdisziplinen der Leichtathletik, Skisprung, Fechten, Judo, Sportspiele)
Grundlagentraining:
  Beginn zwischen dem 8. und 12. Lebensjahr
Aufbautraining:
  Beginn zwischen dem 13. und 17. Lebensjahr
Leistungstraining:
  Beginn zwischen dem 18. und 22. Lebensjahr

Ausdauersportarten
(Langstreckenlauf, Rudern, Kanurennsport, Radsport)
Grundlagentraining:
  Beginn zwischen dem 10. und 12. Lebensjahr
Aufbautraining:
  Beginn zwischen dem 14. und 18. Lebensjahr
Leistungstraining:
  Beginn zwischen dem 20. und 23. Lebensjahr

Sportschwimmen
Grundlagentraining:
  Beginn ab dem 5. Lebensjahr
Aufbautraining:
  Beginn zwischen dem 9. und 12. Lebensjahr
Leistungstraining:
  Beginn zwischen dem 13. und 15. Lebensjahr.

6.2 Die Periodisierung des Trainings

6.2.1 Die sportliche Form – Sinn und Zweck der Periodisierung

„Unter der sportlichen Form verstehen wir den Zustand der optimalen Bereitschaft zu sportlichen Leistungen, der vom Sportler im Ergebnis der entsprechenden Vorbereitung auf jeder neuen Stufe der sportlichen Vervollkommnung erreicht wird" (MATWEJEW).

Die sportliche Form ist für die Einteilung des Trainingsjahres das richtungsgebende Element. Sie ist ein komplexes Gefüge, das von einer Anzahl verschiedener Faktoren bestimmt wird, wie z. B.:

- Kondition
- Technik
- Taktik
- psychische Stabilität
- Willenskraft
- Temperament

Bei den angegebenen Faktoren sollte man gerade die starke psychologische Komponente nie übersehen!

Als Folge zu intensiver Trainingsbeanspruchungen kann es zur Erscheinung des *Übertrainings* kommen[1]. Dadurch hängt die sportliche Form nicht direkt vom Trainingsfleiß ab.

Die Entwicklung der sportlichen Form unterliegt biologischen Gesetzmäßigkeiten. Es treten ständig funktionelle und morphologische Veränderungen im Organismus auf. Der Trainingsprozeß verläuft also nicht geradlinig, sondern phasisch ab.

Man kann (nach MATWEJEW) einen Wechsel von *drei Phasen* feststellen:
1. Das Erreichen der sportlichen Form, in deren 1. Etappe ihre Voraussetzungen, ihr Fundament entwickelt werden, und in deren 2. Etappe sich die Form unmittelbar herausbildet.
2. Die Phase der relativen Stabilisierung oder Formerhaltung
3. Der zeitweilige Verlust der sportlichen Form.

Die sportliche Form ist also Zustand und Prozeß zugleich! Die Trainingsplanung bezweckt eine Steuerung des Prozesses der Formentwicklung.

Eine Periodisierung des Trainingsjahres ist daher notwendig. Wir unterscheiden grundsätzlich *drei Perioden*:
a) Die *Vorbereitungsperiode*, in der die sportliche Form aufgebaut wird;
b) die *Wettkampfperiode*, in deren Verlauf sie erhalten und die erworbenen Möglichkeiten in den Wettkämpfen realisiert werden;
c) die *Übergangsperiode*, worin eine aktive Erholung zugelassen und gleichzeitig der Trainingszustand auf einem bestimmten Niveau gehalten wird.

[1] siehe Kapitel 8.2

Während die Phasen der Formentwicklung folgerichtige Stadien eines biologischen Prozesses sind, stellen die Trainingsperioden entsprechende *Stadien eines pädagogischen Prozesses* dar; sie beinhalten die planmäßige und leistungsfördernde Anwendung bestimmter Methoden und Trainingsformen.

Die Trainingsperioden sind somit aufeinanderfolgende Stadien der zielgerichteten Entwicklungssteuerung der sportlichen Form.

6.2.2 Die Periodisierung eines Trainingsjahres

Das nachstehende Beispiel zeigt die Einteilung eines Trainingsjahres für Mittel- und Langstreckenläufer, die sich im Aufbautraining befinden[1].

Dezember bis März:	Vorbereitungsperiode, 1. Etappe
April bis Mai:	Vorbereitungsperiode, 2. Etappe
Juni bis September:	Wettkampfperiode
Oktober bis November:	Übergangsperiode

	Vorbereitungsperiode 1. Etappe	Vorbereitungsperiode 2. Etappe	Wettkampfperiode	Übergangsperiode
Mittelstreckler	ca. 5–6 x wöchentl.	ca. 6 x wöchentl.	ca. 4–6 x wöchentl.	3 x wöchentl.
Langstrecker	ca. 5 – 6 x wöchentl.	ca 6 x wöchentl. gelegentlich 7 x	ca. 4–6 x wöchentl.	3–4 x wöchentl.

6.2.2.1 Die Vorbereitungsperiode von Dezember bis März (1. Etappe)

Der wichtigste Abschnitt im Verlauf eines Trainingsjahres ist die Zeit von Dezember bis März. Dieser Grundsatz bezieht sich nicht nur auf den Trainingsaufbau im Leistungstraining, sondern gerade im Grundlagen- und Aufbautraining ist dieser Jahresabschnitt besonders wichtig.

[1] nach JONATH, KIRSCH und SCHMIDT: Das Training des jugendlichen Leichtathleten, Schorndorf (1970).

In dieser Periode wird das allgemeine, also umfassende Leistungsvermögen verbessert und stabilisiert. Die allgemeine Ausdauer muß auf ein hohes Niveau gebracht werden, eine Ökonomisierung des Bewegungsablaufes ist anzustreben, die absolute Schnelligkeit und die Schnelligkeitsausdauer soll angesprochen werden.

In dieser ersten Etappe werden die Grundlagen für eine natürliche Leistungssteigerung in der Wettkampfsaison geschaffen. Wer diese Monate zu einem regelmäßigen Training nutzt, wird viel mehr Freude an den Wettkämpfen finden, weil er z. B. das Tempo in den Rennen besser verträgt und über eine stabilere Form verfügt, als der, der nur wenig oder überhaupt nicht in diesem Abschnitt trainiert hat.

Folgende Trainingsinhalte werden in dieser Etappe verwendet:
a) variierte Dauerläufe bis 15 km, gelegentlich darüber hinaus;
b) Fahrtspiel, ohne hohe Intensität, unter Betonung der langen Strecke;
c) ruhige Distanzläufe über 400–2000 m;
d) Dehn- und Lockerungsübungen, Reaktionsübungen in der Halle, besonders für den Mittel- und Langstreckler zusammengestelltes Training;
e) Hallenspiele
f) Steigerungsläufe bis 150 m.

Rahmenplan für die Gestaltung des Trainings in dieser Periode
Die in Klammern gesetzten Werte sind für den Langstreckler gedacht.
Trainingsumfang: wöchentlich 5–6 mal.
Kilometer-Leistung: wöchentlich 60–65 km (70–80 km).

Der Einsatz der Trainingsformen in Intensität und Umfang während einer Trainingswoche:

1. Tag: ca. 90 Min. *Hallentraining (Trainingseinheit)*
   Aufbau: Lauf und Reaktionsschulung, dazwischen Dehn- und Lockerungsübungen, Circuittraining mit folgenden Stationen:
   a) Sprints aus der Bauchlage diagonal durch die Halle
   b) „Taschenmesser"-Übung
   c) „Hampelmann" mit einer Reckstange
   d) Fortlaufendes Überlaufen von zwei Sprungkästen (Höhe 100–120 cm), die 6 m auseinanderstehen
   e) Aus der Hocke mit einem 2-kg-Medizinball hoch springen und den Ball aus der vollen Körperstreckung hochwerfen

6.2 Die Periodisierung des Trainings

f) Skipping am Ort
g) Rückenlage, Beine fixiert, ein 2-kg-Medizinball wird durch Anheben und Senken des Rumpfes – Ball zwischen den gestreckten Armen – zu den Beinen und zurück gebracht;
h) Runden laufen.

Die Belastungszeit beträgt jeweils 20 Sekunden. Wechsel zur anderen Station und sofort mit der nächsten Übung beginnen! Mit zwei Durchgängen beginnen, bei einer Pause von ca. 3 Min. Die Zahl der Durchgänge kann mit zunehmender Leistungsfähigkeit erhöht werden. Abschließend Hallenspiele (Basketball, Kleinfeldhandball, Volleyball).

2. Tag: *Ruhetag*

3. Tag: *12 (14) km ruhiger Dauerlauf.*
Lediglich auf den letzten 2 (3) km wird das Lauftempo leicht verschärft. Nach einer Geh- und Trabpause, die bis zur nahezu völligen Erholung führen soll, können 4 bis 6 Steigerungsläufe bis 140 m ausgeführt werden. Zwischen den Steigerungen so lange traben, bis die Erholung gewährleistet ist.

4. Tag: *Ruhetag oder 50 (60) Min. beschleunigtes Traben.*
Zwischendurch können Dehn- und Lockerungsübungen eingeplant werden. Abschließend evtl. wiederum einige Steigerungen wie am 3. Tag.

5. Tag: *35 (45) Min. Fahrtspiel.*
Beispiel: 15 Min. ruhiger Dauerlauf, dann Dehn- und Lockerungsgymnastik. Anschließend Fahrtspiel über 35 (45) Min. Strecken von 300–1500 m wählen. Belastungen steigern. Zwischen den Belastungen traben oder gehen, bis die Ermüdung weitgehend abgebaut ist.

6. Tag: *Dauerlauf über 14 (16) km in leicht wechselndem Tempo.*
(Das Gelände soll abwechslungsreich sein, um psychische Ermüdungen auszuschließen).

7. Tag: *12 (14) km Dauerlauf.*
Für 5 × 3 (6 × 4) Min. das Tempo leicht verschärfen. Individuell werden die Temposteigerungen nach der Armbanduhr festgelegt. Nach dem leicht forcierten Tempo wird die Laufgeschwindigkeit wieder auf das normale Niveau zurückgebracht.

Da sich diese Periode von Dezember bis März erstreckt, muß der *Trainingsumfang* von Monat zu Monat unter Berücksichtigung der Zunahme der Leistungsfähigkeit erhöht werden. Die *Intensität* wird nur unwesentlich gesteigert.

Alle 4 Wochen kann mit einem *Kontrollauf* über ca. 10 000 m der augenblickliche Leistungsstand der allgemein anaeroben Ausdauer überprüft werden. Bei der Durchführung des Kontrollaufes ist darauf zu achten, daß immer die gleiche Strecke verwendet wird, die Bedingungen (Wetter, Beschaffenheit usw.) nicht zu stark voneinander abweichen und der Gesundheitszustand gut ist. Die Pulsfrequenz sollte bei ca. 160 S./Min. liegen.

Auch wenn mehrjährige Erfahrungen mit der Dauer-Leistungsmethode vorliegen, ist es auch heute noch schwierig, exakte km-Leistungen, bezogen auf die Trainingseinheit, Trainingswoche und den Trainingsmonat, anzugeben.

Die nachstehende Tabelle kann daher, wie alle Trainingsbeispiele, nur als Richtschnur angesehen werden. Der Trainer muß in Verbindung mit dem Läufer herausfinden, welche km-Leistungen den größten Trainingseffekt bringen.

Dezember	Januar	Februar	März
Mittelstreckler ca. 60–65 km	Mittelstreckler ca. 65–75 km	Mittelstreckler ca. 75–85 km	Mittelstreckler ca. 85–95 km
Langstreckler ca. 65–75 km	Langstreckler ca. 75–85 km	Langstreckler ca. 85–95 km	Langstreckler ca. 95–105 km

6.2.2.2 Die Vorbereitungsperiode von April bis Mai (2. Etappe)

Im Prinzip werden in dieser 2. Etappe der Vorbereitungsperiode die gleichen Trainingsziele verfolgt, wie im vorhergegangenen Trainingsabschnitt. Es bleiben jedoch bis zum Beginn der Wettkampfsaison nur noch 6 Wochen.

Deshalb soll bereits die Trainingsplanung die speziellen Forderungen der Wettkampfsaison berücksichtigen. Der Ausbildung der Schnelligkeitsdauer und der absoluten Schnelligkeit muß beim Mittelstreckler besondere Bedeutung beigemessen werden. Der Langstreckler sollte die spezielle Ausdauer in seine Planung mit einbeziehen.

Die Grundlage für die erfolgreiche Entwicklung der Schnelligkeitsdauer des Mittelstreckers und der speziellen Ausdauer des Langstreckers liegt weitgehend im vorhandenen hohen Niveau der allgemeinen aeroben Ausdauer. Aufteilung der anaeroben und der aeroben Belastungen im Verlauf des Aufbautrainings (Richtwerte):

	Vorbereitungsperiode 1. Etappe					Vorbereitungsperiode 2. Etappe					Wettkampfperiode					Übergangsperiode				
	20%	40%	60%	80%	100%	20%	40%	60%	80%	100%	20%	40%	60%	80%	100%	20%	40%	60%	80%	100%
Mittelstreckler																				
Langstreckler																				

anaerobe Belastung   aerobe Belastung

Folgende Trainingsinhalte werden in diesem Abschnitt eingesetzt:

a) Dauerläufe und Varianten des Dauerlaufes bis 15 km
b) Fahrtspiel
c) Tempoläufe nach dem Wiederholungsprinzip
d) Bergläufe
e) Mittel zur Entwicklung und Verbesserung der Schnelligkeit, wie Steigerungsläufe, Tempowechselläufe, Reaktionsschulung
f) Dehn- und Lockerungsübungen.

Die wöchentliche km-Leistung wird in dieser 2. Etappe nicht mehr erhöht. Sie ist im Vergleich zum Monat März sogar leicht reduziert *(Reduzierung des Trainingsumfanges)*. Dagegen wird die Belastungsintensität durch ein etwas verschärftes Fahrtspiel und Dauerläufe im hügeligen Gelände erhöht. Weiterhin ist ein Trainingstag für die Vorbereitung auf das Renntempo hinzugekommen *(Erhöhung der Trainingsintensität)*.

6.2.2.3 Die Wettkampfperiode von Juni bis September

Es gilt die erworbene allgemeine Ausdauer zu festigen, die Grundschnelligkeit mit der speziellen Ausdauer auf einen hohen Stand zu bringen und die Willensqualitäten, wie Mut und Kampfkraft, besonders zu formen.

Die Wahl der Wettkämpfe und der zeitliche Abstand zwischen den Rennen müssen gut überlegt werden. Starts und Trainingsbelastung müssen in einem ausgewogenen Verhältnis zueinander stehen, um einer physischen und psychischen Überlastung entgegenzuwirken.
Die Spezialstrecke sollte nur alle 3 Wochen einmal gelaufen werden. Dies schließt jedoch nicht die Teilnahme an Rennen aus, die in der Meterzahl unter der Wettkampfstrecke liegen. Ferner können Wettkämpfe, die über der Spezialstrecke liegen, zur Leistungsverbesserung beitragen. Gerade zu Beginn der Wettkampfsaison hat es sich bewährt, wenn der 800-m-Läufer an ein bis zwei 1500-m-Rennen teilnimmt oder gar ein 3000-m-Rennen bestreitet, wobei die allgemeine aerobe Ausdauer überprüft wird. So kann der Langstreckler auch an einem 10 000-m-Lauf teilnehmen. Es ist jedoch darauf zu achten, daß es leichte Wettkämpfe sind, die ohne Substanzverlust bestritten werden.
Bisher haben der 800-m- und der 1500-m-Läufer nach einer gemeinsamen Planung trainiert. Sogar der Langstreckler hat nach der gleichen Methode gearbeitet, sein Trainingsumfang war jedoch höher. Diese weitgehende Gemeinsamkeit liegt in der neuzeitlichen Methode im Mittel- und Langstreckenlauf begründet, die mit geringen Abweichungen in der ganzen Welt praktiziert wird. Dies beweist auch das breit angelegte Leistungsvermögen der heutigen Mittel- und Langstreckenläufer der Weltklasse. In der Wettkampfperiode sollte aber eine Trennung zwischen 800- und 1500-m-Läufern in der Trainingsplanung vorgenommen werden, wo dies notwendig wird. In erster Linie wird dies beim Bahntraining erfolgen.
Auch der Langstreckler gestaltet sein Bahntraining anders. Streckenlängen der Bahnprogramme, Laufintensität und Pausengestaltung werden auf die Struktur der Langstrecke abgestimmt.

Das Trainingspensum in diesem Jahresabschnitt soll auch weiter bis zu ca. 60–70% im Gelände durchgeführt werden. Es gibt Mittel- und Langstreckler, die sogar ganzjährig im Gelände trainieren. Die Vorteile guter Gelände- oder Waldwege liegen auf der Hand:

– Waldwege sind psychologisch nicht so ermüdend, da sie abwechslungsreich sind.
– Der weiche Belag schont Muskeln, Sehnen und Bänder. Auf Grund leichter Unebenheiten wird aber die Widerstandsfähigkeit des Bewegungsapparates erhöht.
– In geeignetem Gelände oder auf Waldwegen kann man alle Laufmethoden und Trainingsmittel einsetzen.

Folgende Trainingsinhalte können im Verlauf dieses Jahresabschnittes in die Planung und den Aufbau einbezogen werden:

Für Mittel- und Langstreckler:
a) Dauerläufe wie bisher
b) Fahrtspiele mit Strecken von 150–1500 m

Für Mittelstreckler:
Alle Mittel zur Entwicklung und Verbesserung der Grundschnelligkeit!
a) Starts aus allen Positionen
b) Steigerungsläufe
c) Antritte
d) Reaktionsübungen
e) kurze Tempoläufe

Für Langstreckler:
a) Wiederholungsläufe nach dem Intervallprinzip mit langen Erholungspausen. Strecken von 200–2000 m
b) Intervallsprints: 60 m Traben, 40 m Sprint
c) Minutenläufe auf dem Rasen
d) Tempowechsel über 400–1200 m.

Abschließend sollen die wichtigsten Trainingsziele zusammengefaßt werden:
1. Festigung und Erhaltung der allgemeinen Ausdauer („Formerhaltung"!)
2. Die Grundschnelligkeit und anaerobe Ausdauer auf einen hohen Stand bringen. (Beim Langstreckler ist dieser Punkt abgeschwächt.)
3. Formung der Willensqualitäten
4. Alle Maßnahmen ergreifen, um einen optimalen Gesundheitszustand zu erhalten und zu erreichen.

6.2.2.4 Die Übergangsperiode

Dieser Abschnitt, der nach Beendigung der Wettkampfsaison beginnt und sich bis ungefähr Ende November erstreckt, dient als aktive Ruheperiode der nervlichen und körperlichen Erholung.

Ziel der Übergangsperiode ist es, einen beträchtlichen Prozentsatz des Leistungsvermögens aus der Wettkampfsaison bis zum Beginn der Vorbereitungsperiode zu „konservieren", so daß auf einer höheren Leistungsstufe als im Vorjahr begonnen werden kann (Überkompensation).

Früher wurde nach dem letzten Start in der Saison zunächst einmal für 4–6 Wochen völlig mit dem Training ausgesetzt. Das ist nach unseren heutigen biomedizinischen Erkenntnissen leistungsphysiologisch falsch. Die Gefahr einer großen Leistungseinbuße wäre hierdurch gegeben, so daß der Athlet praktisch von neuem sein Training aufbauen müßte. Folgende Trainingsinhalte können in diesem Abschnitt eingesetzt werden:

a) Betont ruhiger Dauerlauf bis zu 50 Min. oder ca. 12 km (Pulsfrequenz nicht über 150 S/Min.).
b) Hallenspiele, wie Hallenhandball, Volleyball und Basketball
c) Ausgedehnte Spaziergänge
d) Schwimmen in einem gut temperierten Hallenbad.

Die Trainingshäufigkeit liegt bei 3–4 mal wöchentlich. Dieser Trainingsumfang reicht aus, um die gesteckten Trainingsziele zu erreichen.

6.2.3 Aufgaben und Probleme der Periodisierung

Alle Trainingsaufgaben, die im Verlauf eines Jahres zu lösen sind, müssen unter Berücksichtigung der jeweiligen körperlichen Verfassung, der psychischen Stimmungslage und der Umweltbedingungen erfolgen. Vor Beginn des Trainings sind daher kritische Maßstäbe anzulegen, um richtig zu entscheiden, ob es effektiver ist, eine Aufgabe nach Plan zu lösen, oder ob auf Grund besonderer Umstände eine Änderung notwendig ist, bzw. das Training sogar ausfallen soll. Nur eine realistische Beurteilung führt hier zum Erfolg. Der Athlet, der zum Beispiel bei einem leichten Regen das angesetzte Training scheut, wird kaum seine optimale Leistungsfähigkeit erreichen.

Lockerheit und Gelöstheit der Bewegungen verdienen größte Aufmerksamkeit. Verkrampfungen wird weitgehend begegnet, wenn die Intensität und der Umfang der Belastungen richtig dosiert werden. Bei unserem Beispiel des Mittel- und Langstreckenlaufes bereitet die Festlegung der Dosierung der richtigen Tempointensität für die verschiedenen Tempolaufstrecken oft große Schwierigkeiten. Um jedoch das Trainingsziel zu erreichen und Überbelastungen als Folge zu hoher Intensität des Lauftempos zu verhüten, *ist die Ermittlung und Bestimmung leistungsgerechter Belastungshöhen von entscheidender Bedeutung.* Eine einfache „Faustregel" in Verbindung mit objektiven und subjektiven Beurteilungskriterien kann in unserem Beispiel helfen, die richtige Dosierung der Belastung durch Tempoläufe festzulegen. Wenn ein Mittelstreckler eine Bestzeit von 1:56 Min. aufweist, so entspricht das einem 100-m-Durchschnitt von 14.4 s. Sollen nun 3 oder 4 Wiederholungsläufe über 500 m durchgeführt werden, so multipliziert man die 100-m-

Durchschnittszeit mit der Anzahl von 100-m-Teilstrecken, die in der Tempolaufstrecke enthalten sind. In diesem Fall ergibt 14,4 x 5 eine Zeit von 72,0 Sek. Damit haben wir einen Grundwert erhalten, der sich auf ideale Trainingsbedingungen bezieht.

Allerdings wird sich nur ein schlechter Trainer stur an diesen rein rechnerisch ermittelten Belastungswert halten. Der Trainer muß seine Schützlinge ständig beobachten und anhand der Pausenlänge, Pulsberuhigung, der Atemfrequenz im Verlauf der Pause, des Schweißausbruches, der Gesichtsfarbe, der Bewegungskoordination und der psychischen Stimmungslage erkennen, ob die Intensität und der Umfang richtig gewählt wurden oder ob z.B. Zeitkorrekturen sowohl nach „oben" oder „unten" notwendig sind.

Die Frage, ob die Belastungsdosierung, d.h. der Wechsel von Belastung und Erholung richtig getimet war, zeigt sich meist erst am Ende der Vorbereitungsperiode. Das ist natürlich zu spät. Eine Dokumentation und Auswertung des Trainings ist deshalb in Form eines *Trainingsbuches* bei einer langfristigen Trainingsplanung unerläßlich. Der Bundesausschuß zur Förderung des Leistungssports im DSB hat ein standardisiertes Buch entwickelt, das den sportlichen Werdegang, ein Kalendarium zur Darstellung der Jahresperiodisierung, Einlagebogen zur Kontrolle des Jahresplanes mit Fixierung aller Trainings- und Wettkampfdaten einschließlich der Testergebnisse sowie der subjektiven Beobachtungsdaten, einen Personalbogen sowie einen medizinischen und psychologischen Untersuchungsbogen enthält.

Umfragen unter Athleten der verschiedensten Sportgruppen haben ergeben, daß nur wenig Aktive und Trainer ein ausführliches Trainingsbuch führen. Worin liegt nun der Wert eines in dieser oder ähnlicher Form aufgegliederten Trainingsbuches?

a) Trainer und Aktive können bei einem Leistungsabfall anhand der Eintragungen die Gründe der Formverschlechterung feststellen.
b) Es können Trainingsmethoden abgeleitet werden, mit denen man die beste Leistung und Anpassung erzielen kann.
c) Langjährige Trainingsaufzeichnungen können dabei helfen, eine absolute Bestform zu einem bestimmten Zeitpunkt zu erreichen (z.B. Weltmeisterschaften, Olympiade).
d) Die Aktiven werden durch eine regelmäßige Trainingsskizzierung fähig sein, selbständig ohne ständige Kontrolle des Trainers einen richtigen Trainingsaufbau zu gestalten.

Die geeignete Periodisierung in den einzelnen Trainingsabschnitten stellt ein weiteres Problem dar.

Im Grundlagentraining könnte man in technisch weniger schwierigen Sportgruppen z. B. Sportspiele eine einfache Periodisierung vertreten. Grundsätzlich wird hier aber die Vorbereitungsperiode in der Trainingsplanung den größten Raum einnehmen. Die Wettkampfperiode wird relativ kurz sein oder entfällt zumindest in den ersten Ausbildungsjahren ganz. Das Aufbautraining zeigt dagegen bereits eine subtile Differenzierung der Perioden, wie wir es im Beispiel des Mittel- und Langstreckentrainings gesehen haben. Das Leistungstraining weist wiederum charakteristische Merkmale in der Periodisierung auf. Es sind hier z. B. die Unterschiede zwischen den einzelnen Perioden (Belastung, Wahl der Mittel, Schwerpunktaufgaben) geringer als im Aufbautraining.

Unserer Ansicht nach erscheint eine *Doppel- bzw. Mehrfachperiodisierung* für die meisten Sportarten, insbesondere für Athleten im jugendlichen Alter am vorteilhaftesten. Sie kommt der physischen und psychischen Entwicklung der Jugendlichen und den schulischen Verpflichtungen sehr entgegen, da wiederholt kürzere Trainingspausen als Übergangsperiode mit der schulfreien Zeit gekoppelt werden können. Aufgrund ihrer „sympathikotonen Ausgangslage" sprechen Jugendliche auf Trainingsbelastungen schneller an, so daß im allgemeinen eine kürzere Vorbereitungszeit ausreicht. Sie brauchen aber früher entsprechende Erholungszeiten.

Wettkampfsportlich gesehen sind also mehrere Höhepunkte eingeplant, mindestens je Wettkampfperiode ein Leistungstest, so daß evtl. Niederlagen leichter „verdaut" und mit größerem Eifer schon im nächsten Wettkampf wieder ausgeglichen werden. Darüber hinaus ist die Konzentrationsphase von Wettkampfperiode zu Wettkampfperiode verhältnismäßig kurz. Dadurch wird die phsychische Leistungsfähigkeit der Kinder nicht überfordert. Aus pädagogischer Sicht ist es auch vertretbar, die Trainingsintensität in der schulfreien Zeit zu forcieren, wenn sich das mit den Wettkampfterminen und mit der Jahresplanung der jeweiligen Sportart insgesamt vereinbaren läßt. Der Vorteil liegt darin, daß sich die Jugendlichen völlig auf den Sport konzentrieren könnten.

Die Periodisierung muß sich also einerseits vor allem im Grundlagen- und Aufbautraining den biologischen Besonderheiten und den Lebensumständen der jungen Athleten anpassen. Andererseits wollen wir aber hervorheben, daß die Sportler, die – bei Eignung – vom Aufbautraining in das Hochleistungstraining übertreten, in diesem Abschnitt auf eine Urlaubsperiode verzichten müssen und von jetzt ab eine Zurücksetzung aller anderen Freizeitinteressen in Betracht ziehen sollten.

Die Problematik der Übergangsperiodik

Auf die Bedeutung der Übergangsperiode haben wir bei der Darstellung unseres Beispiels (Mittel-, Langstreckler) bereits kurz hingewiesen. Eine längere Übergangsperiode ohne oder mit starker Reduzierung der Trainingsbelastungen muß man grundsätzlich ablehnen. Denn Trainingsunterbrechungen bilden die physische und psychische Leistungsfähigkeit zurück, weil die entsprechende Reizwirkung, die für einen hochtrainierten Organismus notwendig wäre, ausbleibt.
Wir wollen in diesem Zusammenhang den Begriff der *Überkompensation* charakterisieren, der nicht nur in der Übergangsperiode, sondern auch für den gesamten Trainingsprozeß einen beachtlichen Stellenwert hat.

Unter Überkompensation (Superkompensation) verstehen wir die Phase der biochemisch und physiologischen Wiederherstellung verbrauchter Energiequellen nach einer Belastung über das Ausgangsniveau hinaus. Die Überkompensation ist die Grundlage für die Funktions- und Leistungssteigerung.

Ist die Erholungsphase (Übergangsperiode) nach einer Trainingseinheit zu lang, bildet sich auch das Phänomen der Überkompensation zurück. Die Folge davon ist ein geringerer Leistungszuwachs. Ein optimaler Leistungszuwachs wird nur dann erreicht, wenn die neue Belastung (Trainingseinheit) im Höhepunkt der Überkompensationsphase beginnt. In der Praxis hängt sehr viel von dem Fingerspitzengefühl und dem Erfahrungsschatz eines Trainers oder Athleten ab, inwieweit dieser Kulminationspunkt erkannt wird. Über die zeitliche Länge der Überkompensationsphase gibt es leider auch keine exakten Angaben, weil hier neben der vorausgegangenen Belastung naturgemäß viele andere Faktoren eine Rolle spielen. Man hat festgestellt, daß bei maximal verbrauchten Glykogenreserven im Körper eine Pause von 12–24 Std. erforderlich ist, wenn kohlenhydratreiche Kost verabreicht worden ist.

Bekannt ist ferner, daß nur bei Trainingsanfängern bzw. Anwendung neuer Übungen und ungewohnter Belastungsdosierung die Überkompensation schnell in ein höheres Leistungsniveau umschlägt. Bei Leistungssportlern dagegen, die jahrelang unter härtester Trainingsbelastung stehen, dauert der Umsetzungsprozeß Wochen oder Monate. Deshalb wären hier geeignete Testverfahren und Kontrollmaßnahmen wünschenswert.

6.2.4 Fragen und Aufgaben

1. Sportliche Höchstleistungen sind das Ergebnis eines langfristigen Trainingsprozesses.
   a) Zeigen Sie die Ziele des Hochleistungstrainings auf.
   b) Benennen Sie die Abschnitte des gesamten Trainingsaufbaus.
   c) Inwieweit lassen sich die Inhalte dieser Abschnitte des Trainingsaufbaus im Schulsport verwirklichen?
   Erläutern Sie dies an einer selbstgewählten Schulsportart.
2. Charakterisieren Sie die Zweiteilung (Etappen) des Aufbautrainings in ihrer Schwerpunktsportart.
3. Mit welchen Gefahren und Schwierigkeiten können Trainer und Aktive in den drei Trainingsstufen konfrontiert werden?
4. a) Charakterisieren Sie die allgemeine Bedeutung des Grundlagentrainings für den Hochleistungssport.
   b) In welchem Alter etwa sollte nach Ihrer Ansicht mit dem Grundlagentraining für Ausdauersportarten begonnen werden? (Begründung)
5. Was versteht man unter der sportlichen Form?
   Nennen Sie Faktoren, die die sportliche Form bestimmen.
   Welche Bedeutung hat die sportliche Form im Trainingsprozeß?
6. Welche Bedeutung kommt der „Doppelperiodisierung" im Trainingsprozeß zu?
7. Wie würden Sie als Jugendtrainer folgende Fragen und Probleme lösen?
   a) Es interessieren sich Kinder für die Sportarten Schwimmen und Leichtathletik (Wurf- und Stoßdisziplinen). Nach welchen Kriterien gehen Sie vor, wenn Sie die Kinder entsprechend ihrer Konstitution den beiden Sportarten zuweisen müssen?
   b) Wie würden Sie Kinder im Vorpubertätsalter unter Berücksichtigung des zeitlichen Verlaufs und der Ziele in den einzelnen Trainingsstufen in den Trainingsprozeß dieser beiden Sportarten eingliedern?

c) Welche pädagogischen, psychologischen und sportwissenschaftlichen Grundsätze haben Sie als Jugendtrainer bei Ihrer Tätigkeit zu beachten?
Begründen Sie Ihre Aussagen!

8. a) Erläutern Sie die Grundzüge eines einjährigen Aufbautrainings eines jugendlichen Vereinssportlers am Beispiel einer selbstgewählten Sportart.
b) Erläutern und begründen Sie die Notwendigkeit der Periodisierung des Trainings.
c) Untersuchen Sie, ob sich die in Frage 5a) und b) behandelten Trainingsprinzipien auch im Rahmen des Schulsports (2 Std. Basisunterricht und 2 Std. differenzierter Unterricht) verwirklichen lassen.

9. a) Erläutern Sie am Beispiel einer geeigneten Schwerpunktsportart die Gesichtspunkte, die zu einer Periodisierung des Trainings zwingen.
b) Nennen und beschreiben Sie die Perioden eines Trainingsjahres und erarbeiten Sie an Hand des von Ihnen gewählten Beispiels die Periodisierung des Trainingsjahres für einen „zweifachen Zyklus".
c) Weisen Sie an Hand einer Individual- und Mannschaftssportart auf die Problematik der Trainingsperiodisierung hin, die durch die Teilnahme an nationalen und internationalen Wettkämpfen entsteht.

10. Folgende Kurve zeigt den Bestand an energiereichen Substanzen im Muskel vor (1), während (2) und nach (3) Belastung.
Zeichnen Sie den günstigsten Zeitpunkt für einen erneuten Trainingsreiz ein. Wie bezeichnet man den Anstieg bei 3b?

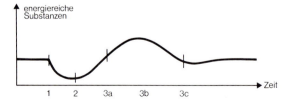

11. Legen Sie für Ihre Schwerpunktsportart ein Trainingsbuch an. Werten Sie Ihr Training anhand Ihrer regelmäßigen Aufzeichnungen innerhalb einer Jahresperiodisierung aus.

12. Besuchen Sie ein Leistungszentrum in der näheren Umgebung Ihres Wohnortes. Charakterisieren Sie seine Aufgabenfelder und vergleichen Sie die Förderungsmöglichkeiten talentierter Sportler mit denen von Sportverein und Schule.

13. Konzipieren Sie in Ihrer Schwerpunktsportart einen Trainingsplan für ein Jahr. Legen Sie dabei Alter und Leistungsniveau beliebig fest.

14. Diskutieren Sie die Normen der Wettkampfresultate am Ende des Aufbautrainings in der Leichtathletik. Vergleichen Sie diese Normen mit Ihren erzielten Leistungen in den einzelnen Disziplinen. Welchen Ausbildungsabschnitt würden Sie sich persönlich zuordnen?

15. Referieren Sie über die Konservierung der „Topform" und ihre Problematik.

16. Referieren Sie über die Gestaltung der Übergangsperiode in einer Mannschafts- und Individualsportart.

Weiterführende Literatur:

Harre, D.: Trainingslehre. Berlin (Ost), 1973. – Jonath, U., Kirsch, A., Schmidt, P.: Das Training des jugendlichen Leichtathleten, Teil III: Lauftraining, Schorndorf, 1976. – Tschiene, P.: Das Training des jugendlichen Leichtathleten, Teil II: Stoß- und Wurftraining. Schorndorf, 1975. – Matwejew, L. P.: Periodisierung des Trainings. Berlin, 1972.

7 PROBLEME DER SPORTLICHEN HÖCHSTLEISTUNG

7.1 Allgemeine Grundlagen

Das extreme Leistungsprinzip im modernen Hochleistungssport und die damit verbundene ständige Verbesserung von Trainingsmitteln zwingt jeden Sportler, der zum Erfolg kommen will, zum ganzen Einsatz seiner zur Verfügung stehenden psychophysischen Kräfte. Da eine solche forcierte Leistungssteigerung ein sehr hohes biologisches Risiko mit sich bringt, muß für eine wirksame Schadensprophylaxe gesorgt werden. Die Sportmedizin, das sei schon vorweg gesagt, wird hier vor sehr schwierige Probleme und Aufgaben gestellt.

Die Frage nach der absoluten Leistungsgrenze des Menschen läßt sich heute noch nicht beantworten. Die physische und psychische Leistungskapazität eines Sportlers ist durch viele hunderte *endo- und exogener Faktoren* bestimmt.

Darüber hinaus müssen wir bedenken, daß erst ein geringer Bruchteil der Weltbevölkerung am Leistungssport teilnimmt. Von den bisher in ihrer Sportleistung relativ unbekannten Völkern Asiens und Afrikas sind wahrscheinlich noch manche unvorhersehbaren Rekordleistungen zu erwarten. An einige hervorragende Athleten, z. B. Rono und Keino (Kenia), sei hier nur erinnert.

Außerdem macht der Mensch derzeit eine deutliche Entwicklung durch *(Akzeleration)*, so daß wir in den nächsten Jahrzehnten noch entscheidenden Änderungen in seiner Leistungsfähigkeit entgegensehen dürfen. Wir wissen, daß sich die sportliche Höchstleistung heute sowohl im physischen als auch im psychischen Grenzgebiet bewegt.

Im physischen Bereich stellt die Tatsache ein großes Problem dar, daß die Leistungsfähigkeit der verschiedenen Organsysteme gerade bei intensivem Training oft eine auffallende *Inkongruenz* aufweisen. Besonders stark divergieren dabei die Leistungsmöglichkeit des Herzens, der Muskulatur und des passiven Bewegungsapparates.

Im psychischen Bereich, der nicht nur im Hochleistungssport immer noch vernachlässigt wird, kennen wir vor allem das *Problem der Persönlichkeitsveränderungen*. Die individuell geistig-seelischen Möglichkeiten und Grenzen der Hochleistungssportler werden entweder vom Athleten selbst, oder von den Betreuern und Funktionären falsch eingeschätzt. Es entspricht nicht der Idee des Sports, die Persönlichkeit des Aktiven auszuschalten und ferngesteuerte Roboter zu erziehen. Denn dann wäre seine Leistung nicht mehr der Ausdruck seiner eigenen Persönlichkeit, sondern das Ergebnis fremder Suggestion. In der DDR werden, nach Angaben eines Sportmediziners, sogar Spitzenathleten mit Hilfe von Computer-Programmen auf eine präzise vorberechnete Höchstform gebracht. Man spricht von „Medaillenschmieden" bzw. „Züchtungslaboratorien", in denen der Mensch als Material oder Versuchskaninchen gehandhabt wird.

Die folgende Tabelle (nach PROKOP) stellt einen Überblick über die wichtigsten leistungsbestimmenden Größen dar:

Leistungsbestimmende Faktoren	
Antrieb	Arbeitskapazität
endogene Faktoren	
Alter	Anlage des Bewegungsapparates und Kreislaufs
Konstitution Drüsenfunktion Stoffwechsellage	Zustand der inneren Organe
Seelische Grundstimmung Intelligenz	Vegetative Ökonomie Funktionsstand des endokrinen Systems und der Sinnesorgane
exogene Faktoren	
äußere Trainingsbedingungen vernunftgemäße Einstellung familiäre Situation Umgebungseinflüsse Verhältnis von Anforderung zu Neigung und Befähigung Kameradschaft, Vorbild Anerkennung künstliche Stimulierung (Doping) Freizeitgestaltung	Trainingszustand Trainingsqualität Trainingsquantität Ernährungszustand Erholungspausen Körperpflege Ausschaltung störender Reize bioklimatische Faktoren überstandene Krankheiten durchgemachte Verletzungen

Nach Ansicht namhafter Sportmediziner soll dieser Trend weiterverfolgt und gefördert werden, weil man hier die einmalige Chance sieht, an den positiven Extremvarianten der menschlichen Leistungsfähigkeit Studien zu betreiben, die der Allgemeinheit eines Tages zugute kommen können. Andere Wissenschaftler halten eine derartige Entwicklung nicht nur aus ethischen Gründen für sehr bedenklich und gefährlich. Sie warnen vor dem hohen Leistungszwang, dem die Spitzensportler von heute ausgeliefert sind.

Wer übt diesen *Leistungszwang* aus? Kommt er vom Sportler selbst, der sich mißbrauchen läßt, vom Trainer, vom Sportarzt oder von den Funktionären? Der Trainer als Erfüllungsgehilfe von Funktionären und Sportmedizinern befindet sich auch oft in einer Zwangslage. Die zu erfüllenden Leistungsprogramme stellen ihn vor große Probleme. Soll er die Gesundheit seiner Sportler aufs Spiel setzen, um deren und seine Existenz damit abzusichern? Kann er die Verantwortung darüber allein tragen? Die Kritik richtet sich vor allem an die Sportfunktionäre. Sie setzen programmierte Leistungsmaßstäbe, die unter normalen Bedingungen kaum zu erfüllen sind. Die Zahl der Medaillen steht im Vordergrund, nicht die Gesundheit des Menschen. Wer zwingt die Funktionäre zu diesen Maßnahmen? Sind es die Wirtschaftsbosse, die Geldgeber oder ist es der Staat, der seinen Entwicklungsstand mit dem anderer Nationen vergleichen und messen will, um seine Macht zu demonstrieren? Ist der Sport nicht schon von Anfang an über Jahrhunderte zur politischen Angelegenheit geworden, so daß Trophäen und Medaillen (Machtsymbole) alles, die Gesundheit des Sportlers aber wenig oder nichts bedeuten? Muß man, um Leistungssport ausüben zu können, sich ständig medizinischer Behandlung ausliefern? Gibt es zukünftig einen sportlichen Siegeszug der Pharmazie? Wird es eines Tages so weit kommen, daß die Medizin 75% des Leistungsvermögens bestimmt, für Training und Talent aber nur 25% verbleiben?

Es wird eine der dringlichsten Aufgaben der verantwortlichen Politiker und Sportfunktionäre in den nächsten Jahren sein, diese Fragen und Probleme in den Griff zu bekommen. Wir wollen in den folgenden Kapiteln einige Gedanken weiterverfolgen, die als Grundlage und Ausgangsbasis zu einer Diskussion dieser Fragen zu verstehen sind.

7.2 Die Talentsuche

Nach RÖTHIG bedeutet der Begriff Talent die in eine bestimmte Richtung ausgeprägte, über das durchschnittliche Maß hinausgehende, noch nicht voll entfaltete Begabung.

Die Bedeutung der *Talentförderung* wurde bereits von PLATO (in: Der Staat) beschrieben. Der Mensch soll nach seiner Begabung beschäftigt werden. Um die Effektivität der Talentsuche und Talentauslese zu erhöhen und Anlagefaktoren für den Bereich der sportlichen Leistungsfähigkeit zu ermitteln, sind praktikable und wissenschaftlich abgesicherte Modelle notwendig. Da diese aber noch meist fehlen, werden heute die zur sportlichen Höchstleistung tendierenden Talente nur in den seltensten Fällen aufgrund von sportärztlichen Untersuchungen gefunden, sondern im allgemeinen von befähigten Trainern bei Wettkämpfen entdeckt. Deshalb und um eine breitere Basis förderungswürdiger Sportler zu erhalten, hat der DSB in den letzten Jahren verstärkt Wettkampfformen zur Talentsuche und -förderung, wie z. B. „Jugend trainiert für Olympia" ins Leben gerufen. Darüber hinaus vollzieht sich die Talentsuche und -förderung heute schon gezielt auf verschiedenen Ebenen wie z. B. in Schule, Verein und Verband.

In der Diskussion zur Talentfrage und ihrer Bestimmung scheinen zur Zeit immer mehr die *Vererbungsgrundlagen* in den Vordergrund zu treten. Die Grundlagen des sportlichen Talents bzw. des Talents für bestimmte Sportarten sind in Konstitution und in der Leistungsfähigkeit bzw. Trainierbarkeit der motorischen Grundeigenschaften zu sehen. Wer durchschnittliche Körpermaße und ein normales Körpergewicht aufweist, hat in vielen Sportarten keine Erfolgschance. Von einem Basketballspieler z. B. verlangt man, daß er sehr groß (> 200 cm) ist und schnell reagieren kann. Ein Gewichtheber, der von Natur aus einen leptosomen Konstitutionstyp[1] mit relativ langen Armen und Beinen mitbringt, hat bereits aufgrund der ungünstigen Hebelverhältnisse keine Aussicht, höhere Leistungen zu erzielen. In dieser athletischen Sportart, wie auch in einigen anderen, z. B. Boxen und Ringen, spielt die hohe Masse, das Körpergewicht und die relative Kraft eine große Rolle.

Problematisch bleibt immer noch die frühzeitige und sichere Erkennung solcher und anderer erbbedingter Anlagen. In sportspezifischen Eignungstests, Trainingskontrollen und sportmedizinischen Testverfahren versucht man die jeweils wichtigsten Fähigkeiten zu erfassen.

[1] Nach KRETSCHMER, E.: Körperbau und Charakter, Springer, (1967).

In der Leichtathletik z. B. kann ein *Test der allgemeinen Leistungsfähigkeit* aus folgenden Übungen bestehen:

Hoppsprünge aus der Schrittstellung	Beurteilung der Sprungkraft
Strecksprung aus dem Stand	Beurteilung der absoluten Sprungkraft (= Sprunghöhe – Körpergröße)
20 m fliegender Sprint	Beurteilung der Schnelligkeit
„Taschenmesser"-Bauchmuskeltest in einer bestimmten Zeiteinheit	Beurteilung der Schnellkraft
Medizinball-Weitwürfe	Beurteilung der Wurf- und Stoßkraft.

Darüber hinaus gibt es verschiedene Testverfahren und Untersuchungsmethoden in der Sportmedizin. Als Beispiel erwähnen wir ein *Testverfahren zur Bestimmung der körperlichen Ausdauer-Leistungsfähigkeit.* Untersuchungen haben gezeigt, daß die Bestimmung der maximalen Sauerstoffaufnahme und des Leistungspuls-Index (LPI) für die körperliche Ausdauer-Leistungsfähigkeit ausschlaggebend sind. Der LPI wird mittels eines Fahrradergometers bestimmt, wobei bei konstanter Tretgeschwindigkeit (60 U/Min.) die Belastung von 0 auf 100 W. gesteigert wird. Die Pulsfrequenz/Leistungsbeziehung (LPI-Indexwert) gibt dann an, um wie viele Schläge die Pulsfrequenz pro 10 W Leistungszuwachs ansteigt.

Je größer bei steigender Belastung die Pulsfrequenzzunahme und damit der Indexwert, desto geringer ist die körperliche Ausdauer-Leistungsfähigkeit.

Als Untersuchungsmethoden haben die *Sportanthropometrie* (Vermessung des menschlichen Körpers) und die *Biopsie* eine gewisse Bedeutung erlangt. Durch die Sportanthropometrie könnte schon von Jugend an eine Auslese von spezifischen sportprädestinierten Menschen getroffen werden. Unter der Biopsie versteht man Gewebeuntersuchungen, in diesem Zusammenhang speziell der Muskulatur und der Leber, um aufgrund der gewonnenen funktionellen, strukturellen und biochemischen Beziehungen Aussagen über die Leistungsfähigkeit des Sportlers machen zu können.

Abschließend wollen wir nochmals betonen, daß für die Auslese sportlicher Talente insbesondere in frühen Lebensaltern noch umfassendere wissenschaftliche Testverfahren entwickelt werden müssen, damit sichere Prognosen über sportmotorische Begabungen gestellt werden können.

7.3 Besondere Trainingsgrundlagen und Leistungen im Frauensport

Sportliche Anerkennung und Gleichberechtigung für Frauen waren und sind noch immer nicht selbstverständlich. Im Ausdauersport beispielsweise waren längere Laufstrecken jahrzehntelang aus dem olympischen Programm für Frauen gestrichen. Erst 1960 wurde der 800-m-Lauf für Frauen endgültig olympische Disziplin, nachdem er 1928 nur einmal versuchsweise eingeführt worden war. Die längste Laufstrecke der Frauen im Programm der Olympischen Spiele ist heute der 1500-m-Lauf. Bei Europameisterschaften werden aber schon die 3000 m von Frauen gelaufen, und es ist eigentliche nur eine Frage der Zeit, bis durch systematisches Training weitere Ausdauerdisziplinen hinzukommen.

Darüber hinaus sind gerade in der Leichtathletik aber auch z.B. im Schwimmsport die Leistungen der Frauen in den letzten Jahren beachtlich verbessert worden. Im Schwimmen machen heute junge Mädchen die olympischen Männerrekorde der Vergangenheit geradezu lächerlich. Nach SELIGER erreichen Frauen zur Zeit im Durchschnitt 70–90% der Leistungsfähigkeit der Männer. Die folgenden Tabellen A und B, die einen repräsentativen Querschnitt von Weltrekordleistungen in der Leichtathletik und im Schwimmen beider Geschlechter zeigen, können dieses Ergebnis untermauern:

A: Weltrekordleistungen der Männer und Frauen in der Leichtathletik (Stand Dez. 1977, nach NÖCKER, verändert)

Disziplin	Leistungen		Leistungen der Frauen
	Männer	Frauen	bezogen auf die Leistungen der Männer in Prozent
100 m	9,95 s	10,88 s	91,5
400 m	43,81 s	49,29 s	88,9
800 m	1:43,40 Min.	1:54,96 Min.	89,9
1500 m	3:32,2 Min.	4:00,14 Min.	88,4
Weitsprung	8,90 m	6,99 m	78,5
Hochsprung	2,33 m	2,00 m	85,8

B: Weltrekordleistungen der Männer und Frauen im Schwimmsport (Stand Dez. 1977, nach Nöcker, verändert)

Disziplin	Leistungen		Leistungen der Frauen
	Männer	Frauen	bezogen auf die Leistungen der Männer in Prozent
100 m Freistil	49,99 s	55,65 s	89,8
100 m Brust	1:02,86 Min.	1:10,86 Min.	88,7
100 m Rücken	55,49 s	1:01,51 Min.	90,2
100 m Delphin	54,18 s	59,78 s	90,6
400 m Lagen	4:23,68 Min.	4:42,77 Min.	93,2
1500 m Freistil	15:02,40 Min.	16:24,61 Min.	91,7

War nun die Vorsicht vergangener Jahre im sportbiologischen Sinne gerechtfertigt und notwendig? Nach dem heutigen Wissenstand basierten die Trainingseinschränkungen auf tradierten Vorurteilen und waren biologisch und trainingsmäßig z. T. falsch begründet. Beispielsweise gibt es im Ausdauertraining der Frauen keine wesentlichen Abweichungen bei der Planung, der Wahl der Trainingsformen sowie der Methodik des Trainingsprozesses. Das bedeutet nun freilich nicht, daß Frauen und Männer im Trainingsprozeß immer vollkommen gleich behandelt werden können. Wir wollen damit lediglich zum Ausdruck bringen, daß vorhandene Unterschiede in der Leistungsfähigkeit und in der Trainierbarkeit nicht so gravierend sind, wie das noch vor 10–20 Jahren behauptet wurde.
Eine kritische Beurteilung der Trainierbarkeit und Belastbarkeit des weiblichen Organismus im Sport kann nur von nüchternen biologischen Daten und Fakten ausgehen. In der schematischen Übersicht auf S. 156/157 stellen wir die genetisch bedingten morphologischen und funktionellen Unterschiede zwischen Mann und Frau dar, die für die Trainingslehre fundamentale Bedeutung haben. (Eine Vertiefung dieser biologischen Grundlagen bleibt der Sportphysiologie vorbehalten.)
Da sich die in der Übersicht S. 156 gezeigten Funktionsunterschiede der Frau summieren, muß eine geringere Gesamtleistungsfähigkeit gegenüber dem Mann resultieren. Zwangsläufig reagiert der weibliche Organismus auch auf Trainingsreize quantitativ und qualitativ entsprechend anders als der männliche. Allerdings geht aus medizinischen Tests hervor, daß signifikante Leistungsdifferenzen erst mit der Pubertät auftreten.

Eine vergleichende Untersuchung der Trainierbarkeit von weiblichen und männlichen Jugendlichen im Alter von 15–18 Jahren mit etwa gleicher Konstitution und gleicher Belastung über einen Zeitraum von 4 Wochen ergab einen relativen Anstieg von 18 W. des absoluten Leistungszuwachses männlicher Probanden gegenüber weiblichen. Im relativen Leistungszuwachs (Relation zur Grundleistung) wies diese Jugendgruppe mit 12,8%/12,7% fast gleiche Werte auf (Abb. 26).

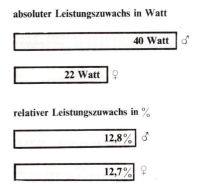

Abb. 26: Vergleichende Darstellung des absoluten Leistungszuwachses auf dem Ergometer (in Watt) und des relativen Leistungszuwachses in % bei 2 Gruppen von männl. und weibl. postpuberalen Jugendlichen (nach MELLEROWICZ/MELLER, 1975)

Interessant ist in diesem Zusammenhang die Beobachtung, daß Mädchen im Alter von 15–16 Jahren (am Ende der zweiten puberalen Phase) bereits ähnlich wie Frauen belastet werden können, weil ihre Skelettentwicklung früher abgeschlossen ist als bei den Jungen.
Nach MELLEROWICZ/MELLER ist die absolute Trainierbarkeit der Frau um 10–50% geringer als beim Mann. Die großen prozentualen Unterschiede spiegeln sich in den Leistungen verschiedener Sportarten bzw. Disziplinen wider. Am größten ist die Diskrepanz zwischen männlichen und weiblichen Wurfleistungen (ca. 50–60%). In Sportarten, die ein hohes Maß an Koordination erfordern (Skislalom, Fechten, Eiskunstlauf, Turnen u.a.) und in denen das Körpergewicht eine unbedeutende Rolle spielt (Reiten, Wasserspringen u.a.) wirken sich die geschlechtsbedingten Leistungsunterschiede kaum aus. Im Gegenteil, bei der muskelschwächeren Frau läßt sich gerade die psycho-motorische Feinkoordination besser entwickeln und trainieren.

Vergleichende Darstellung morphologischer und funktioneller Unterschiede zwischen Mann und Frau nach MELLEROWICZ/MELLER verändert)

Merkmale	Frauen	Männer
Körperbau:	Größe und Gewicht kleiner Becken breiter Schwerpunkt und Hebelverhältnisse ungünstiger mehr Unterhautfettgewebe spezifisches Gewicht kleiner	Größe und Gewicht größer Schultern breiter Extremitäten länger weniger Unterhautfettgewebe spezifisches Gewicht größer
Muskulatur:	ca. 30–35% des Körpergewichtes Last-Kraft-Relation ungünstiger mittlere Kraft 129 N (Armbeugung) aufgrund größerer Dehnbarkeit der Muskulatur ist die Gelenkigkeit größer	ca. 40% des Körpergewichtes Last-Kraft-Relation günstiger mittlere Kraft 207 N (Armbeugung) Gelenkigkeit geringer
Skelett:	Skelettgewicht absolut und relativ kleiner (5% weniger Knochenmasse als die Männer)	Skelettgewicht absolut und relativ größer
Blut: Blutvolumen roter Blutfarbstoff (Hämoglobin) rote Blutkörperchen in mm^3 Sauerstoff-aufnahmevermögen	kleiner als 5 l ca. 13–14 g/100 ccm kleinere Zahl roter Blutkörperchen/mm^3 max. ca. 25% weniger	ca. 5 l ca. 15–16 g/100 ml ca. 4,5 – 5 Millionen/mm^3 max. 3 l pro Minute

Herz-Kreislauf:		
Herzvolumen	absolut ca. 65–75% der Männer [relativ (pro kg) mehr als ca. 65–75%]	ca. 800 ml
Herzgewicht	absolut ca. 65–75% der Männer [relativ (pro kg) mehr als ca. 65–75%]	ca. 300 g
HMV (Herzminutenvolumen)	max. ca. 25 l	max. ca. 37 l
Atmung:		
Vitalkapazität	absolut ca. 70% [rel. (pro kg) ca. 80–85%]	ca. 4000–4500 ml
Lungenoberfläche	ca. 80 m²	ca. 90 m²
Atemminutenvolumen	ca. 25% weniger	ca. 8 l in Ruhe
Atemgrenzwert	ca. 90 l	ca. 110 l
Stoffwechsel:	unter normalen Belastungen höherer Energieverbrauch im Grenzbereich bei gleicher Bewegungsform geringerer Energieverbrauch	geringerer Energieverbrauch höherer Energieverbrauch
Hormonales System:	Vor und während der Menstruation Leistungseinbußen, nach Schwangerschaft oft bessere Leistung als vorher	
Nervensystem und Psyche:	Unterschiede der motorischen Feinkoordinierung und der Einstellung zur Leistung	

7.3 Trainingsgrundlagen und Leistungen im Frauensport

Zusammenfassend können wir folgendes feststellen: Die Frau ist für ausgesprochene Kraftleistungen nicht sehr gut geeignet. Ihre Dauerleistungsfähigkeit wird vor allem wegen des geringen Sauerstoffaufnahmevermögens und anderer Parameter im Herz-Kreislaufsystem begrenzt. In allen Disziplinen, in denen es auf Koordination und Reaktionsfähigkeit ankommt, zeigt sie sich durchaus ebenbürtig, in manchen Sportarten (z. B. Gymnastik) ist sie sogar dem Mann überlegen. Darüber hinaus konnte durch umfangreiche Untersuchungen bewiesen werden, daß die Frau nur geringfügig schlechter trainierbar ist als der Mann. Sie kann nach entsprechender Vorbereitung ein ähnliches Trainingspensum bewältigen, jedoch sind die Adaptationsvorgänge, wie wir sie bei Roux oder in der Reizstufenregel kennengelernt haben, schwerer auslösbar und lassen sich nicht qualitativ im gleichen Maße wie beim Mann ausbilden.

7.4 Fragen und Aufgaben

1. Rekorde in ausgesprochenen Sprintdisziplinen sind in den letzten Jahren nur geringfügig verbessert worden. Dagegen wurden Rekorde in den Ausdauerdisziplinen im gleichen Zeitraum derart verbessert, daß Leistungen, die vor 15 Jahren noch Weltrekord bedeutet hätten, heute nicht mehr ausreichen, um in den olympischen Endkampf zu gelangen. Welche Ursachen liegen Ihrer Meinung nach dieser Entwicklung zugrunde?
2. Der überragende Langstreckenläufer Henry Rono stellte im Jahre 1977 innerhalb von ca. 3 Monaten drei sensationelle Weltrekorde (10000 m, 5000 m, 3000 m Hindernis) auf. Worauf führen Sie diese Superlative zurück? (Umfassende Darstellung)
3. Neuerdings versucht man mit Hilfe von Computer-Programmen in sog. „Medaillenschmieden" Spitzenathleten heranzuzüchten. Nehmen Sie zu dieser Problematik aus der Sicht des Sportlers, des Arztes, des Sportfunktionärs und des Politikers kritisch Stellung.
4. Im Rahmen der Talentsuche sollen sportliche Talente erfaßt werden.
   a) Was versteht man unter einem sportlichen Talent?
   b) Welche Möglichkeiten bieten sich für die Talentsuche im Rahmen des schulischen Sportunterrichts?
5. Der Leistungssport unterscheidet sich in einer Reihe von charakteristischen Merkmalen ganz wesentlich vom Freizeitsport.

a) Welche Unterschiede sehen Sie in diesen beiden Formen des Sports hinsichtlich Wettkampf-, Trainings- bzw. Übungsformen und den sich daraus ergebenden Konsequenzen für die Teilnehmer?
b) Welche weiteren charakteristischen Unterscheidungsmerkmale sind Ihnen bekannt?
6. Referieren Sie über die Talentsuche und ihre Problematik am Beispiel einer Sportart.
7. Referieren Sie über die Sportausrüstung und ihre exemplarische Bedeutung im Hochleistungssport.

Fragen und Aufgaben zum Thema Frauensport

1. Überlegen Sie, in welcher Form die morphologischen und funktionellen Sexualdifferenzen leistungsbestimmenden Charakter haben. Geben Sie dabei drei Sportarten/Disziplinen an, die die Auswirkungen verdeutlichen.
2. Gibt es heute noch typisch weibliche Sportarten?
Nehmen Sie zu dieser Problematik kritisch Stellung.
3. Welche Sportarten bzw. Disziplinen sind Ihrer Meinung nach für Frauen ungeeignet? Begründen Sie Ihre Wahl anhand sportmedizinischer Fakten.
4. Der moderne Frauensport wirft immer noch eine Reihe von ungelösten Problemen auf. Dazu zählt z.B. das sprunghafte Anwachsen zahlreicher Rekorde. Diskutieren Sie diese Problematik unter Berücksichtigung praxisbezogener Beispiele.
5. Welche hormonalen Gegebenheiten sind für das Absinken des Leistungsvermögens vor und während der Menstruation verantwortlich?
6. Charakterisieren Sie die anatomisch-physiologischen Ursachen der geringeren Leistungsfähigkeit der Frau in ausgesprochenen Ausdauerdisziplinen.
7. Untersuchen Sie, ob der Fitneß-Test der Kollegiatinnen (s. Kapitel 3. Konditionstraining) in seinen Übungsformen den Sexualdifferenzen entspricht. Wo und in welcher Form bieten sich Verbesserungsmöglichkeiten an?
8. Was versteht man unter sog. Intersextypen? Versuchen Sie, anhand der weiterführenden Literatur, wesentliche Fakten und Daten über ihre Bedeutung im Spitzensport zu erstellen.
9. Referat: „Vergleichende Betrachtung über die Rolle der Frau im Wettkampfsport der Vorkriegszeit und im heutigen Spitzensport".

Weiterführende Literatur:

Gieseler, K. H.: Sport als Mittel der Politik. Neuwied, 1965. – Hollmann, W.: Höchst- und Dauerleistungsfähigkeit des Sportlers. München, 1963. – Knebel, K.-P.: Biomedizin und Training. Berlin, 1971. – Krämer, K.: Konzepte zur Talentsuche im Sport. Ahrensburg bei Hamburg, 1977. – Lenk, H.: Leistungssport oder Mythos. Stuttgart, 1972. – Nöcker, J.: Die biologischen Grundlagen der Leistungssteigerung. Schorndorf, 1971.
Zum Thema Frauensport: Bausenwein, J.: Frau und Leibesübungen. Mühlheim/Ruhr, 1967. – Klaus, E. J.: Untersuchungen zur Frage der Überanstrengung im modernen Frauensport. Med. Welt (Berlin), 41, 2180–2185 (1964). – Klaus, E. J., Noack, H.: Frau und Sport. Stuttgart, Thieme, 1961. – Nöcker, J.: Physiologie der Leibesübungen. Stuttgart, 1971. – Prokop, L.: Zur Frage der Trainierbarkeit der Frau. Leibesübung – Leibeserziehung 22, 4–6, 1968.

8. SPORT UND GESUNDHEIT

8.1 Freizeitsport und Rehabilitation

Noch nie zuvor wurden so viele Menschen vom Sport oder durch Sport angezogen und für ihn motiviert. Das Bedürfnis der Bevölkerung im Zeichen zunehmender Freizeitanteile läßt das Interesse an Bewegung und Sport gewaltig ansteigen. Der Sport ist für zahlreiche Menschen ein Teil ihres Lebensinhaltes geworden, und sie setzen gerade im Hinblick auf die Erhaltung ihrer Gesundheit große Erwartungen in ihn. Können diese Erwartungen erfüllt werden? Wenn wir den „Gesundheits-Sport" z. B. als Unterstützung zur Heilung verschiedener Funktionsstörungen im physischen und psychischen Bereich oder als Schutz vor Zivilisationskrankheiten meinen, müssen wir diese Frage bejahen. Aber es wäre vermessen, hier eine Garantie für Gesundheit ohne Einschränkung geben zu wollen.

Aus den heute vorliegenden Krankenstatistiken läßt sich entnehmen, daß die *Bewegungsmangelkrankheiten* (Hypokinetosen) einen sehr großen Prozentsatz des Krankengutes der praktischen Ärzte und der Kliniken ausmachen. Permanenter Mangel an körperlicher Bewegung und Arbeit bewirkt nicht nur eine Abnahme der Leistungsfähigkeit, sondern auch eine Verschlechterung der Gesundheit. Kommen dann noch andere Faktoren wie *Über- bzw. Fehlernährung, Rauchsucht, Streß* u. a. hinzu, dann entstehen meist schwere Krankheitsbilder wie z. B. Haltungsschäden, Arteriosklerose, Herzinfarkt, Diabetes. Mehr und mehr werden wir uns über die Folgen dieser Zivilisationskrankheiten bewußt, weil wir die finanziellen Lasten in den Staatsausgaben für Sozialzwecke aber auch im privaten Bereich (z. B. ständige Erhöhung der Krankenversicherungsbeiträge) fast täglich direkt oder indirekt zu spüren bekommen. Es bleibt abzuwarten, wie lange wir uns diesen in der Unvernunft begründeten Luxus in materieller Hinsicht noch leisten können.

Durch entsprechende *Präventivmaßnahmen* lassen sich viele Erkrankungen, insbesondere die Gruppe der Hypokinetosen, vermeiden. Präventives Training sollte deshalb schon im Kindergarten, vor allem aber in der Schule einsetzen. Der Schulsport muß sich heute mehr denn je der Leibes- und Gesundheitserziehung widmen. Darüber hinaus sind die

Universitäten, Kommunen, Krankenkassen, Industrie, Fitneß-Clubs, Sportvereine und nicht zuletzt die Trimm-Dich-Programme Träger des präventiven Trainings.
Der *Trimm-Dich-Sport* wurde 1971 vom Deutschen Sportbund kreiert. Begünstigt durch die bevorstehenden olympischen Spiele, Werbung und Massenmedien breitete sich die „Trimmwelle" wie ein Bazillus rasch aus. Trimm-Parcours sprossen wie Pilze aus dem Boden. Außerdem wurden Volksläufe organisiert und Trimmgeräte aller Art angeboten. Auf der Woge des durchschlagenden Erfolges schwammen leider auch einige schwarze Schafe, vor allem in Form von schlechten, gefährlichen Trimmgeräten, z. B. der „Bauchroller", ein Apparat zum „Abspecken". Die erwartungsfreudigen, bisherigen Antisportler trugen neben der Enttäuschung vielfach auch gesundheitliche Schäden davon, so daß der an sich gute Trimm-Gedanke teilweise in Mißkredit fiel. Die verantwortlichen Funktionäre haben jedoch die Gefahren noch rechtzeitig erkannt und die Konsequenzen gezogen. Verletzungen oder gesundheitliche Schäden sind durch die daraufhin neu entstandenen Trimm-Dich-Bewegungen „Trimm-Trab" bzw. „Laufen ohne zu schnaufen" kaum mehr zu befürchten, weil sich die Belastungsgrenze bei diesen Ausdauerübungen durch das Leistungsniveau des Einzelnen gleichsam von selbst reguliert.
Der Trimm-Dich-Sport wendet sich nicht nur an junge Menschen sondern auch an die ältere Generation und die, die vorher noch nie oder nur sporadisch Sport getrieben haben.

Die Trimmübungen sollten nicht einseitig durchgeführt werden, sondern die Muskulatur der Arme und Beine, von Bauch, Rücken, Schulter und Beckengürtel einbeziehen. Sie können kräftigen, aber auch Gewandtheit und Ausdauer vermitteln.

Besonders die Ausdauerübungen machen Herz und Kreislauf leistungsfähiger. Die Erkenntnis, daß man nicht auf Vorrat trainieren kann, sollte auch der Trimm-Dich-Sportler beherzigen. Spontane, einmalige Trimmexzesse nach jahrelangem Nichtstun sind für ihn nicht nur zwecklos, sondern vor allem gesundheitsschädlich. Im Vordergrund sollte deshalb der *Spieleffekt* stehen, der die Freude an der Bewegung vermittelt und außerdem dafür sorgt, daß psychische Aspekte berücksichtigt werden. Die „Spieltherapie" hilft den angestauten Arbeitsärger oder Depressionen schneller zu überwinden. Leider ist der Freizeitsportler an den Trimmpfaden bis heute sich selbst überlassen. Es fehlen fachgerechte Anleitung und individuelle Aufklärung, sowie Aufsicht und erste Hilfe, wenn sich Unfälle ereignen. Für Sportstudenten, aber auch für Teilnehmer des LK-Sports könnte das ein interessantes Betätigungsfeld sein, indem sie ihre bereits erworbenen Kenntnisse anwenden und weitere praktische Erfahrungen sammeln könnten.

Rehabilitation bzw. Therapie und Prävention lassen sich nicht immer streng voneinander trennen, wie wir in dem Beispiel des Trimm-Dich-Sports gesehen haben.

Bei der Rehabilitation geht es darum, verlorengegangene Funktionen durch ein systematisches Training wiederzugewinnen. Dabei kommt es in gleicher Weise auf physische wie auf psychische Möglichkeiten an.

In der Rehabilitationsphase erfolgt zunächst in der Regel eine gezielte krankengymnastische Behandlung, die dann bald durch eine sportliche Betätigung abgelöst werden muß. Denn später nach Abschluß der eigentlichen Rehabilitation kann sie auch in der Freizeit fortgesetzt werden. Das ist psychologisch gesehen ein wichtiger Gesichtspunkt. Die Quantität des rehabilitativen Trainings richtet sich nach den individuellen, pathophysiologischen Faktoren: Konstitution, Alter, Geschlecht, Leistungswillen u. a.

Als Methode eignet sich in erster Linie das *Ausdauer-Training* in der Art der reinen Dauerform oder der Dauer-Intervallform. Es fördert eine Reihe von physiologischen Funktionen z. B. die arterielle Durchblutung, Vermehrung des venösen Rückstromes, Erweiterung der Herzkranzgefäße, Steigerung der Herzmuskelkraft, Senkung von Ruhe-Puls und Ruheblutdruck, Erhöhung der aeroben Kapazität, Dämpfung vasolabiler und Beseitigung vasoneurotischer Beschwerden. Nach MELLEROWICZ sollen bei der Dauerform die Leistungsphasen >6 min. dauern bei einer Intensität von 60–90% und 1–3 Leistungseinheiten mit zwischenzeitlicher voller Erholung. Bei der Intervall-Dauerform wechseln Phasen größerer Leistung (80–90%) mit Phasen kleiner Leistung (40–50%) von je 1–3 Min. Dauer. Zum Training in Dauer- oder Intervallform sind geeignet: Wandern, Laufen, Radfahren, Schwimmen, Rudern, Feldspiele u. a.

Ein Erfolg ist allerdings nur dann garantiert, wenn regelmäßig mehrmals in der Woche systematisch geübt wird. Darüber hinaus muß der Rehabilitand lernen, seine Herzfrequenz vor allem unmittelbar nach der körperlichen Anstrengung ständig zu kontrollieren, um eine Überdosierung zu vermeiden. Das tägliche Trainingspensum wird zur Übersicht, auch für den beratenden Arzt, in ein „Trainingsbuch" eingetragen.

Rehabilitation bedeutet auch Rückführung in die gewohnte Umgebung.
Wenn es gelingt, familiäre Bindungen wiederherzustellen oder berufliche Spannungen aufzulösen, sind erst die günstigen Voraussetzungen für den Wiedereingliederungsprozeß geschaffen. Doch leider ist es manchmal nicht mehr möglich, die volle Gesundheit wiederherzustellen.

Am *Beispiel des Versehrtensports* können wir erkennen, wie durch die gezwungene sportliche Bewegung z. B. im Spiel eine psychische Aktivierung des häufig depressiv gestimmten Patienten eintritt. Der Körperbehinderte lernt durch den Sport einerseits zu akzeptieren, daß er die alte Leistungsfähigkeit nicht mehr erreicht; andererseits weiß er auch um seinen Eigenwert und er kann sich durch den Sport betätigen, indem er anerkennt, daß er z. B. im Rollstuhl sitzen oder Krücken benützen muß. Die relativ junge Wissenschaft Sportmedizin kann hier noch viele gesundheitliche Probleme lösen. In Kanada, USA, Japan und in skandinavischen Ländern wurden bereits Spezialinstitute eingerichtet, die Probleme der allg. Gesundheit in Zusammenhang mit dem Sport bearbeiten.

8.2 Doping und Übertraining

Wenn man Sport und Gesundheit objektiv betrachtet, sind neben den erfreulich überwiegenden positiven Seiten leider die Schatten nicht zu übersehen. Dazu gehören vor allem die Probleme des Doping und des Übertrainings.

Das Dopingproblem

a) *Geschichtliches:*

Bereits aus der Antike sind Versuche bekannt, durch Zufuhr von bestimmten Substanzen (z. B. Stierhoden im 3. Jahrh. v. Chr.) die Leistungsfähigkeit des Menschen zu verbessern.
Das Wort Doping hat sich aus „Dop" entwickelt, das in einem afrikanischen Dialekt einen landesüblichen starken Schnaps bezeichnete. Der Begriff Doping wurde erst gegen Ende des 19. Jahrh. über das Pferde- und Hundedoping in England populär und somit in den allgemeinen Sprachgebrauch aufgenommen.

b) *Definition:*
Nach DONIKE kann man zwei Doping-Definitionen unterscheiden:
1. Die ethisch-moralische Definition (IOC, 1971)

„Alle, auch zu therapeutischen Zwecken verwendete Substanzen, die die Leistungsfähigkeit aufgrund ihrer Zusammensetzung oder Dosis beeinflussen, sind Dopingmittel".

2. Die pragmatische Definition des Deutschen Sportärzte-Bundes (seit 1977)

„Doping ist der Versuch einer unphysiologischen Steigerung der Leistungsfähigkeit des Sportlers durch Anwendung (Einnahme, Injektion oder Verabreichung) einer Doping-Substanz durch den Sportler oder eine Hilfsperson (z. B. Mannschaftsleiter, Trainer, Arzt, Masseur) vor oder während eines Wettkampfes und für die anabolen Hormone auch im Training".

Die wichtigsten verbotenen Dopingmittel wurden 1976 in einer Liste der Medizinischen Kommission des IOC aufgeführt:
- Psychomotorische Stimulantien: Cocain, Amphetamin
- Sympathikomimetische Amine: Ephedrin, Amphetamin
- Zentralnervös stimulierende Substanzen: Strychnin
- Narkotika und Schmerzbetäubungsmittel: Morphin
- Anabole Steroide: Dianabol

Wahrscheinlich wird schon für die Olympischen Spiele in Moskau 1980 der Katalog der verbotenen Wirkstoffgruppen um die Gruppe der *Corticosteroide* und um die Gruppe der *Beta-Rezeptorenblocker* erweitert werden.

c) *Motive und Ursachen der Dopping-Diskussion:*
Einige Sportarten bzw. -Disziplinen scheinen für das Doping prädestiniert zu sein. Besonders der Radsport erweist sich als „Brutstätte" des Dopings. Hier sind auch die ersten Todesfälle durch Doping bekannt geworden. Tragischerweise war erst eine größere Anzahl von Todesfällen prominenter Sportler notwendig, um die Öffentlichkeit auf die Dringlichkeit der komplexen Probleme hinzuweisen.

Neben den extremen Leistungsanforderungen im internationalen Spitzensport zählen der soziale und kommerzielle Lohn für den sportlichen Erfolg, sowie das emotionell sehr stark wirkende nationale Prestigedenken zu den wichtigsten Motiven, Dopingmittel zu nehmen. Darüber hinaus sind viele Athleten weder fähig noch geneigt, längere Zeit – ein Trainingsprozeß erstreckt sich ja bekanntlich über mehrere Jahre –, ein entbehrungsreiches Leben zu führen.

Ein bundesdeutscher Weltklasse-Sprinter beantwortete die Frage nach dem „Warum" in einer Fernsehdiskussion recht offen, indem er als Begründung die Wahrung der Chancengleichheit anführte. Außerdem ließen es die körperlichen Strapazen, Entbehrungen und finanziellen Einbußen einfach nicht zu, daß man der Weltelite hinterherläuft, weil man auf die von der Konkurrenz eingesetzten Dopingmittel verzichtet. Die Diskussion über pharmakologische und medikamentöse Leistungsbeeinflussung hat im Jahre 1976 nach der Olympiade in Montreal erneut explosiven Zündstoff in der Bundesrepublik Deutschland erhalten. Es wurde eine Doping-Kommission einberufen. Die Gespräche, in denen die Anabolika eine besondere Rolle spielen, waren bis Ende 1977 noch nicht abgeschlossen.

d) Gründe der Ablehnung der Dopings (allg. Gefahren und Schäden):
Das NOK und der DSB sind sich mit den führenden Funktionären (DAUME, WEYER) darüber einig, daß ein generelles Manipulationsverbot auf nationaler Ebene dringend notwendig ist. Viele Aktive und Sportmediziner teilen diese Meinung. Der Weg an einem „sauberen" Hochleistungssport führt aber nur über entsprechende Vereinbarungen mit den anderen Staaten und ist damit ein internationales Problem, das nur mit internationalen Regeln in den Griff zu bekommen ist.
DONICKE[1] gibt als medizinische Begründung des Dopingverbotes drei wichtige Fakten an:

a) Ausschaltung der Ermüdung durch Mobilisierung der autonom geschützten Leistungsreserven;
b) Gewöhnung an die Droge – der Aktive kann nur noch durch Einnahme von Substanzen zu einer Leistung motiviert werden;
c) schädigende Eingriffe in die normalen Stoffwechselvorgänge.

Die medizinische Betrachtungsweise rechtfertigt eigentlich allein die Ablehnung des Dopings. Alle anderen Gesichtspunkte sind zumindest problematisch. Denn, wenn man den Begriff Sport in seiner weitesten Definition sieht und darunter das Bestreben versteht, in einer bestimmten Disziplin die größtmögliche Perfektion zu erlangen, schließt diese Definition den Gedanken an das Doping ohnedies ein. Ein ganz anderes aber überzeugendes Argument gegen das Doping bietet der *Placeboversuch*. Placebos (Scheinmittel) sind ohne jeden pharmakologischen Wert. Sie können dennoch enorme therapeutische

---

[1] „Doping, oder das Pharmakon im Sport"
in HOLLMANN, W.: Zentrale Themen der Sportmedizin, Berlin, Heidelberg, New York, (1972).

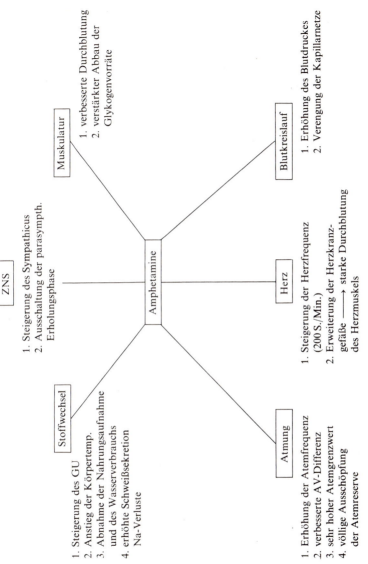

Abb.27: Physiologische Wirkung von Pharmaka auf die Organsysteme am Beispiel der Amphetamine

bzw. leistungssteigernde Wirkungen haben. Das konnte in groß angelegten Versuchsreihen in der Psychologie bewiesen werden.
Die sehr unterschiedlichen Gefahren und Schäden für den Organismus sind nicht zuletzt auf die *Schwierigkeiten in der Dosierung von Dopingsubstanzen* zurückzuführen. Mit Strychnin kann z.B. die Kontraktilität der Skelettmuskulatur und damit die Schnellkraft verbessert werden. Bei einer Überdosierung kann es zu schweren Muskelkrämpfen mit Todesfolge kommen. Sehr problematisch ist zudem die Anwendung der Amphetamine, die den erholungsfördernden Parasympathicus ausschalten (s. Abb. 27). Die Folge davon ist ein deutlicher Ökonomieverlust, verbunden mit einer sehr verschlechterten Erholungsfähigkeit. Medizinisch gesehen gibt es kein einziges zum Doping verwendetes Medikament, das nicht auch irgendwelche nachteiligen Nebeneffekte hat.

e) *Anabolika:*

Eine Sonderstellung und eines der derzeit größten Probleme stellen die muskelbildenden Anabolika dar. Es handelt sich hierbei um synthetisch hergestellte *Geschlechtshormone*, die dem Sportler in Spritzen- und Tablettenform verabreicht werden. Das bekannteste Mittel heißt Dianabol.

Die Einnahme selbst bewirkt allerdings noch keine Muskelbildung. Erst durch Krafttraining, verbunden mit einer hochprozentigen Eiweißnahrung, vergrößert sich der Muskelquerschnitt. Der leistungssteigernde Effekt ist ohne Training sehr gering; er liegt bei ca. ein Zehntel Prozent.

Die große Gefahr dabei ist, daß die Muskeln vor allem bei Frauen zwar dicker und leistungsfähiger werden, aber das übrige Bindegewebe und vor allem die Sehnen nicht mitwachsen. Das führt zu einem unphysiologischen Verhältnis zwischen aktivem und passivem Bewegungsapparat. Sehnenabrisse sind daher keine Seltenheit.
Leistungssportler können durch Gewöhnung an anabole Hormone praktisch zur fortlaufenden Einnahme verurteilt werden. Ein längerer Verzicht bringt einen entsprechend großen Leistungsabfall mit sich. Bei den olympischen Spielen im Montreal wollten einige Athleten dieses Handikap umgehen, indem sie erst ein bis zwei Tage vor ihrem Einsatz dort eingeflogen sind. Sie hatten dadurch den Vorteil, Anabolika ca. 14 Tage länger (14-Tage-Abstinenz sind erforderlich, um den Nachweis bei evtl. Kontrollen auszuschalten) als andere Konkurrenten zu nehmen.

Anabole Steroide bewirken bei Jugendlichen vor Abschluß des Längenwachstums eine Beschleunigung der Skelettreifung und dadurch ein verringertes Längenwachstum. Eine längere Einnahme kann bei Männern zu Impotenz und bei Frauen zu einer (Pseudo-)Zwittrigkeit führen. Inwieweit auch eine Persönlichkeitsveränderung eintritt, ist noch nicht untersucht worden. Sicher ist aber, daß Anabolika irreversible Virilisierungserscheinungen bzw. Störungen in der Fertilität bei Sportlerinnen hervorrufen.

Die hormonellen Manipulationen gehen sogar so weit, daß nicht nur die Menstruation bei Sportlerinnen medikamentös verschoben wird, wenn sie in die Zeit wichtiger Wettkämpfe fällt, sondern es werden auch die gesamten physiologischen Prozesse der Pubertät insbesondere das Knochenwachstum verzögert, um Mädchen für die Olympiade und Weltmeisterschaften biegsam und gelenkig genug zu erhalten.
Eine sportethisch gesehen abscheuliche Art der Manipulation ist das sog. Anti- oder Paradoping. Dabei werden Gegnern unbemerkt Dopingmittel u.a. auch Anabolika, vor entscheidenden Wettkämpfen verabreicht, um eine Disqualifikation herbeizuführen. Außerdem wurde es bei ertappten „Dopingsündern" zu einer beliebten Ausrede.
Was wäre, wenn man die Anabolikaeinnahme weltweit verbieten würde? Gäbe es dann echte und „Anabolika-Rekorde"? Erinnern wir uns in diesem Zusammenhang an das Dilemma, das bei den Rekorden der Laufwettbewerbe auftrat, die handgestoppt und elektronisch gestoppt wurden. Sind die Anabolika überhaupt noch das „Nonplusultra"? Neuerdings werden die natürlichen Androgene (z.B. Testosteron) bevorzugt, weil sich die Analytik der Anabolika zumindest bei Männern äußerst schwierig gestaltet.

f) *Nachweis und Kontrollen von Dopingmitteln:*

Für den Nachweis der aufgenommenen Substanzen bieten sich Blut-, Speichel- und Urinproben an. Dabei erwies sich Urin als am zweckmäßigsten. Die Urinabnahme ist sehr einfach und die Konzentration der im Harn enthaltenen Stoffe liegt wesentlich über der des Blutes. Der pH-Wert des Harns spielt eine große Rolle. Bei saurem Harn ist der Test auf Dopingmittel relativ sicher. Der Nachweis von Dopingmitteln im alkalischen Harn ist selbst bei hoher Blutkonzentration sehr schwierig. Aus diesem Grund versuchen Athleten und Betreuer oft mit verschiedenen Mitteln den Harn zu alkalisieren. Allerdings ist ein alkalischer Harn bei vorausgegangener anstrengender Arbeit ausgesprochen unphysiologisch und damit ergibt sich sofort der Verdacht auf Dopingmißbrauch.

Die Kontrollverfahren haben sich darauf eingestellt und sind schwer zu umgehen. Die Sportler werden z.B. so ausgewählt, daß nicht Namen oder Nummern, sondern Plätze ausgelost werden. Die Harnanalyse vollzieht sich meist in folgender Reihenfolge: Zur groben Überprüfung auf nicht flüchtige Substanzen eignet sich die Dünnschichtchromatographie. Bei diesem Verfahren ist es möglich, Substanzgemische auf einer Platte, die mit einem Absorbens beschichtet ist, im Mikromaßstab aufzutrennen. Daneben wird zur Bestimmung flüchtiger Substanzen die Gaschromatographie durchgeführt, wobei Substanzen bei 200–300 °C verdampft und die Dämpfe im Gasstrom in einer Trennsäule aufgespalten werden. Die einzelnen Fraktionen können dann am Ende der Säule in einem Detektor elektrisch registriert werden. Zur endgültigen Identifizierung der Dopingsubstanz wird eine massenspektrographische Untersuchung angeschlossen. Der so überführte „Dopingsünder" erhält dann die jeweils vorgeschriebene Disziplinarstrafe (bis zur Wettkampfsperre auf Lebenszeit).

Das Übertraining

Sport wirkt wie eine Arznei. Man kann durch sie gesund, aber auch krank werden, wenn es die falsche Arznei ist, oder sie überdosiert verabreicht wurde. Die permanente Leistungssteigerung im Trainingsprozeß nach dem Motto „je mehr desto besser" wird dann zu einem echten Gesundheits-Problem, wenn die Anforderungen an den Organismus im Mißverhältnis zu seiner Leistungsbereitschaft stehen. Die Folge davon ist eine chronische Übermüdung. Der Trainierende kommt jetzt in den Zustand, den wir als Übertraining bezeichnen.

Zu Beginn eines Trainings ist ein Übertraining praktisch nie zu beobachten. Eine Anfälligkeit tritt erst bei Annäherung an die persönliche Höchstleistung auf. Als Ursachen können im einzelnen folgende Faktoren in Betracht kommen:

– zu schnelle Steigerung der Trainingsquantität
– zu kleine Erholungspausen zwischen den Trainingseinheiten
– berufliche Überforderungen
– soziale Konfliktsituationen
– sexuelle Exzesse
– Ernährungsfehler
– Mißbrauch von Pharmaka und
– Infekte.

Woran erkennt der Trainer bzw. der Aktive den Zustand des Übertrainings? Das Nachlassen der Trainings- und Wettkampfleistung ist häufig eines der ersten Symptome. Weitere wichtige Merkmale stellen wir in einer Tabelle zusammen:

	Subjektive Merkmale	Objektive Merkmale
Physischer Bereich	Beschwerden an Muskeln, Sehnen, Bändern, Knochen	Nachlassen der Muskelleistung Gewichtsabnahme Neigung zu Muskelverletzungen Sehnen- und Knochenhautentzündungen Ansteigen des – systolischen Blutdruckes – der Ruhepulsfrequenz – des Atemaequivalents Absinken der Vitalkapazität
Psychischer Bereich:	Trainingsunlust Reizbarkeit neurovegetative Störungen (Schlaf- und Appetitlosigkeit Gleichgültigkeit und erhöhtes Ruhebedürfnis)	Abnahme der Reaktionsgeschwindigkeit Koordinationsstörungen

Trotzdem ist es nicht leicht, den Beginn eines Übertrainings mit Sicherheit zu erkennen. Der Trainer muß evtl. auftretende Symptome längere Zeit genau beobachten und kritisch beurteilen. Er muß versuchen, die Ursachen zu finden. Ein oder zwei Symptome reichen sicherlich dabei nicht aus, um ein Übertraining zu erkennen. Nicht immer handelt es sich um Übertraining, denn bei beginnenden Erkrankungen können ähnliche oder gleiche Merkmale auftreten.
Der Altersfaktor spielt eine besondere Rolle. Sowohl der Jugendliche wie auch der ältere Mensch kann sich durch ein Überkompensationsstreben sehr leicht den Gefahren des Übertrainings aussetzen. Beim Jugendlichen wird dieser Zustand fälschlicherweise gar nicht für möglich gehalten. Wir müssen hier neben den kritischen puberalen Entwicklungsphasen auch die zusätzliche exogene Reizüberflutung auf den verschiedensten Gebieten berücksichtigen. Schuld an der Form des jugendlichen Übertrainings, das früher oft bei Eisläufern, Schwimmern und Radfahrern zu beobachten war, ist vor allem das enorm hohe Trainingspensum. Kinder im Alter von 5–8 Jahren „mußten" bis zu 6 Std. täglich trainieren.
Welche Gegen- und Vorbeugungsmaßnahmen sind beim Übertraining zu empfehlen? Die Therapie ist im allgemeinen recht einfach. Man setzt das spezielle Training für ein bis drei Wochen aus, oder trainiert

überwiegend spielerisch andere Übungen und andere Sportarten. Unter Umständen können auch vegetative dämpfende Mittel, z. B. Betablocker, herangezogen werden. Natürlich muß vor allem die Ursache erkannt und beseitigt werden. Meist stellt sich danach bald eine psychisch-physische Funktionsverbesserung ein.

Da Übertraining letzten Endes eine Anpassungsstörung darstellt, ist der ständige Vergleich von Trainingsmaß und Leistungsentwicklung als Vorbeugungsmaßnahme äußerst wichtig. Der Aktive kann darüber hinaus durch eine tägliche Gewichtskontrolle und der Überwachung der Ruhepulsfrequenz wesentlich dazu beitragen, die gesundheitsgefährlichen Erscheinungsformen des Übertrainings zu vermeiden.

Schlußwort

Wer Sport aus Lebensfreude und Steigerung seines Wohlbefindens betreibt, wird schnell bemerken, wann er den Bogen überspannt und wann Sport nicht gesund, sondern krank macht. Wer dagegen einer ehrgeizigen Vorstellung nacheifert, wird seinen Körper nur zur Erfüllung dieser Ziele einsetzen und ihn gegebenenfalls mißbrauchen. Aktive, Trainer und Sportfunktionäre werden immer kritisch wählen müssen zwischen der sportlichen Aktivität und dem Vorrang der Gesundheit oder aber dem ausschließlich leistungsbezogenen Sport der Zukunft. Die Trainingslehre versucht zwar in Zusammenarbeit mit der Sportmedizin, Psychologie und Pädagogik gewisse Höchstleistungen methodisch zu fördern und zu erhalten, aber sie darf dabei den Wert der Gesundheit für den trainierenden Menschen nicht außerachtlassen.

8.3   Fragen und Aufgaben

1. An welchen Merkmalen erkennt man frühzeitig den Zustand des Übertrainings bei einem Sportler? Erläutern Sie die Ursachen des Übertrainings.
2. Erhöhter Blutdruck (Hypertonie) beeinträchtigt die Lebenserwartung. Welche Trainingsmethoden und Sportarten würden Sie älteren Menschen in diesem Sinne empfehlen? Begründen Sie Ihre Ansicht. Welche Probleme müßten Sie dabei berücksichtigen?
3. Durch die Aktion „Trimm Dich durch Sport" sollen Menschen wieder zu sportlicher Tätigkeit angeregt werden, die sich längere Zeit nicht mehr sportlich betätigt haben.
    a) Nehmen Sie zu dieser Aktion Stellung und begründen Sie Ihre Aussagen aus sportwissenschaftlicher Sicht.

b) Welche sportlichen Tätigkeiten würden Sie aus der Sicht der Trainingslehre dieser genannten Adressaten-Gruppe besonders empfehlen?
Begründen Sie Ihre Vorschläge.
c) Versuchen Sie, die wesentlichen Fakten über andere derartige Aktionen herauszufinden.
d) Welche Gefahren bergen Aktionen dieser Art vor allem für ältere Teilnehmer?
Nehmen Sie unter Berücksichtigung medizinischer Erkenntnisse Stellung und schlagen Sie Maßnahmen vor, die zur Vermeidung dieser Gefahren beitragen.
e) Starten Sie eine Umfrage in Ihrer Schule oder in Ihrem Bekanntenkreis nach dem Stellenwert dieser Aktionen.

4. a) Was versteht man unter dem Begriff „Doping"?
Wie beurteilen Sie die Verwendung von Dopingmitteln?
b) Erläutern Sie am Beispiel eines Ihnen bekannten Präparates die wesentlichen biologischen Wirkungen und Gefahren von Dopingmitteln!
c) Welche Funktion hat die Ermüdung für den menschlichen Körper und wie wirken sich die verschiedenen Dopingmittel in diesem Zusammenhang aus?

5. Eine immer größer werdende Gefahr für den Menschen stellen die modernen „Zivilisationskrankheiten" dar.
a) Nennen Sie einige Beispiele.
b) Zählen Sie die Gründe auf, die für das verstärkte Auftreten dieser Krankheiten verantwortlich sind.
c) Erläutern Sie Mittel und Maßnahmen aus der Trainingslehre, die zu ihrer Bekämpfung bzw. Einschränkung beitragen können.

6. a) Erläutern und vergleichen Sie die Trainingseinflüsse einer Individual- und Mannschaftssportart auf Muskulatur, Herz und Kreislauf, Atmung, Stoffwechsel, Nervensystem.
b) Charakterisieren Sie dabei den gesundheitlichen Wert der gewählten Sportarten.

7. Welches Problem bringt eine Knochen-Fraktur für den Hochleistungssportler mit sich? Mit welchen Trainingsmitteln und mit welchen Behandlungsmethoden kann man dem Patienten helfen?

8. „Ist Sport gesundheitsfördernd?" Machen Sie an Ihrer Schule, Sportverein, Sportstadien, aber auch an anderen Arbeitsplätzen eine Meinungsumfrage über den Zusammenhang von Sport und Gesundheit.

8.3 Fragen und Aufgaben

Werten Sie die Ergebnisse unter sportbiologischen und sportsoziologischen Aspekten aus.
9. Referieren Sie über das Doping, seine negativen Erscheinungsformen und Gefahren im Hochleistungssport.
10. Referieren Sie über die Eignung von Freizeitsportarten als Mittel der Prävention und Rehabilitation.
11. Referieren Sie über Beurteilung und Bedeutung von „Trimm-Dich-Pacours".
12. „Sport ist die Voraussetzung für Gesundheit"
(Kritische Diskussion dieser These.)

Weiterführende Literatur:

Hollmann, W.: Zentrale Themen der Sportmedizin. Berlin, 1972. – Mellerowicz/Meller: Training. Berlin, 1975. – Nöcker, J.: Physiologie der Leibesübungen. Stuttgart, 1971 – Plessner/Bock/Grupe: Sport und Leibeserziehung. München, 1970.

Literaturverzeichnis

1 Barisch, E.: Zur Fertigkeit, Geschicklichkeit und Gewandtheit in der sportlichen Motorik, in: Zeitschrift „Die Leibeserziehung", 12. Schorndorf, 1964
2 Baumann, S./Zieschang, K.: Handbuch der Sportpraxis. München/Bern/ Wien, 1976
3 Bausenwein, J.: Frau und Leibesübungen. Mühlheim/Ruhr, 1967
4 Bernhard, G.: Das Training des jugendlichen Leichtathleten, Teil I: Sprungtraining. Schorndorf, 1968
5 Borrmann, G. (Hrsg.): Geräteturnen usw. Berlin (Ost), 1974
6 Counsilman, J.: Schwimmen. Frankfurt/Main, 1975
7 Deuser, E.: Die Gesundheit des Sportlers. Düsseldorf/Wien, 1977
8 Fetz, F.: Motorische Grundeigenschaften, in: Zeitschrift „Die Leibeserziehung", 6. Schorndorf
9 Fetz, F.: Zur sportlichen Gewandtheit und ihren Merkmalen, in: Zeitschrift „Die Leibeserziehung", 12. Schorndorf, 1964
10 Findeisen/Linke/Pickenhain: Grundlagen der Sportmedizin. Leipzig, 1976
11 Gieseler, K. H.: Sport als Mittel der Politik. Neuwied, 1965
12 Größing, S./Wutz, E. (Red.): Theorie im Leistungskurs Sport. Schorndorf, 1976
13 Haag, H./Dassel, M.: Fitneß-Tests. Schorndorf, 1975
14 Harre, D. (Red.): Trainingslehre. Berlin (Ost), 1973
15 Hercher, W. (Red.): Basketball. Berlin (Ost), 1975
16 Hettinger, Th.: Muskelkraft und Muskeltraining bei Männern und Frauen, in: Arbeitsphysiologie 15 (1953/54) 201–206
17 Hochmuth, G.: Biomechanik sportlicher Bewegungen. Frankfurt/Main, 1967
18 Hollmann, W. (Hrsg.): Höchst- und Dauerleistungsfähigkeit des Sportlers. München, 1963
19 Hollmann, W. (Hrsg.): Zentrale Themen der Sportmedizin. Berlin, 1972
20 Jonath/Kirsch/Schmidt: Das Training des jugendlichen Leichtathleten Teil III: Lauftraining. Schorndorf, 1976
21 Klaus, E. J.: Untersuchungen zur Frage der Überanstrengung im modernen Frauensport. Med. Welt (Berlin), 41, 2180–2185 (1964)
22 Klaus, E. J./Noack, H.: Frau und Sport. Stuttgart, Thieme, 1961
23 Knebel, K.-P.: Biomedizin und Training. Berlin/München/Frankfurt, 1972
24 Koch, K.: Konditionsschulung für die Jugend. Schorndorf, 1972
25 Koch, K./Bernhard, G./Ungerer, D.: Motorisches Lernen – Üben – Trainieren. Schorndorf, 1972
26 Krämer, K.: Konzepte zur Talentsuche im Sport, 1. Auflage. Ahrensburg bei Hamburg: Czwalina 1977
27 Lenk, H.: Leistungssport oder Mythos. Stuttgart, 1972
28 Matwejew, L. P.: Periodisierung des Trainings. Berlin, 1972

29 Meinel, K.: Bewegungslehre. Berlin (Ost), 1976
30 Mellerowicz, H./Meller, W.: Training. Berlin/Heidelberg/New York, 1975
31 Murray, A.: Modernes Krafttraining. Berlin, 1977
32 Nett, T.: Der Sprint. Berlin, 1969
33 Nett, T.: Modernes Training weltbester Mittel- und Langstreckler. Berlin, 1977
34 Nöcker, J.: Die biologischen Grundlagen der Leistungssteigerung durch Training. Schorndorf, 1971
35 Nöcker, J.: Physiologie der Leibesübungen. Stuttgart, 1971
36 Peyker, J.: Konditionsschulung an der Fitneßbahn. Schorndorf, 1972
37 Plessner/Grupe/Bock (Hrsg.): Sport und Leibeserziehung. München, 1970
38 Prokop, L.: Einführung in die Sportmedizin. Stuttgart/New York, 1967
39 Prokop, L.: Zur Frage der Trainierbarkeit der Frau. Leibesübung — Leibeserziehung 22, 4–6, 1968
40 Röthig, P. (Red.): Sportwissenschaftliches Lexikon. Schorndorf, 1977
41 Schmolinsky, G. (Red.): Leichtathletik. Berlin (Ost), 1974
42 Schoberth, H.: Sportmedizin. Frankfurt/Main, 1977
43 Stegemann, J.: Leistungsphysiologie. Stuttgart, 1971
44 Thiemel, F.: Arbeitsprogramme zur Konditionsschulung in Schule und Verein. Frankfurt/Main, 1972
45 Tschiene, P.: Das Training des jugendlichen Leichtathleten, Teil II: Stoß- und Wurftraining. Schorndorf, 1975
46 Ungerer, D.: Zur Theorie des sonsomotorischen Lernens. Schorndorf, 1973
47 Zaciorskij, V. M.: Die körperlichen Eigenschaften des Sportlers. Berlin/München/Frankfurt, 1972

Erklärung der Fachausdrücke

Adaptation	Anpassung an irgendwelche Reize
aerob	in Gegenwart von Sauerstoff ablaufend, auf Sauerstoff angewiesen
Akzeleration	Beschleunigung der körperlichen Reife
anaerob	ohne Sauerstoff lebend oder erfolgend
Analgetika	schmerzlindernde Mittel
Androgene	männliche Sexualhormone
Antagonismus	Gegensatz, entgegengesetzte Wirkung
Antagonist	Organe (Muskeln) von entgegengesetzter Wirkung
Anthropometrie	Bestimmung der Maßverhältnisse am menschlichen Körper
Armrotatoren	Muskeln, die Drehungen im Schultergelenk ermöglichen.
Azidose	Vermehrung saurer Stoffwechselprodukte im Blut
Betablocker	Betarezeptoren ausschaltendes Mittel, Mittel gegen Gefäßerweiterung bei Adrenalinausschüttung
Biopsie	Entnahme lebenden Gewebes
Carpenter-Effekt	Bewegungsverstellungen, die dazu führen, daß Bewegungen unwillkürlich in Ansätzen oder vollständig nachvollzogen werden.
Degeneration	Verschlechterung bezüglich Entwicklung und Leistungsfähigkeit
Depressoren	Muskeln, die herabdrücken, niederdrücken.
Detektor	Aufspürgerät, das elektromagnetische Wellen nachweist.
Dilatation	Erweiterung, Ausdehnung
Dynamogramm	Aufzeichnung der Muskelkraft
Elevatoren	Muskeln, die hochheben
endogen	im Inneren, im Körper selbst, durch innere Ursachen entstehend
endokrin	die innere Sekretion betreffend
Engramm	bleibende Spur geistiger Eindrücke
Ergograph	Meßgerät zur Bestimmung der Arbeitsleistung
exogen	von außen stammend, durch äußere Ursachen entstehend
Fertilität	Fruchtbarkeit
Genotyp	Erbanlagebild, Gesamtheit der Erbanlagen

Homöopathie	von HAHNEMANN aufgestelltes Heilverfahren, wobei der Kranke mit kleinsten Mengen (daher homöopathische Dosis) eines Mittels behandelt wird, die bei Gesunden ähnliche Erscheinungen hervorrufen wie die zu bekämpfenden Krankheiten.
Hypertrophie	Überentwicklung, Gewebsvermehrung
Hypervitaminose	Vitaminüberschuß-Krankheiten
Hypokinetosen	Bewegungsmangelkrankheiten
Interferenz	gegenseitige Beeinflussung mehrerer bereits vorhandener motorischer Fertigkeiten, die sich in einem Lernprozeß negativ oder positiv auswirken können.
Irradiation	Ausstrahlung, Ausbreitung z.B. eines Reizes über das direkt betroffene Gebiet hinaus
isometrische Kontraktion	Kontraktion mit vermehrter Spannung der Fasern bei gleichbleibender Muskellänge
isotonische Kontraktion	Kontraktion mit Veränderung der Muskellänge bei gleicher Spannung der Fasern
kinästhetisch	Bezeichnung für die an die Ausführung von körperlichen Bewegungen geknüpften Empfindungen
Kondition	allgemeiner Leistungszustand des Organismus
Koordination	das funktionsbegünstigende bzw. harmonische Zusammenwirken mehrerer Muskeln zur Ausführung einer komplexen Bewegung
Konstitution	Gesamtveranlagung, Körperbeschaffenheit
Latenzzeit	Zeitspanne vom Reiz bis zum Reizerfolg
Latissimus	M. latissimus dorsi = breiter Rückenmuskel
leptosom	schlankaufgeschossen
Parameter	Meßgröße, Bestimmungs- und Funktionsgröße
pathophysiologisch	krankhaft in der Organfunktion
Phänotyp	Gesamtheit der in Erscheinung tretenden erblichen Merkmale eines Lebewesens, äußeres Erscheinungsbild
pharmokologisch	auf Heilmitteln beruhend, bezüglich Heilmittel
Prävention	ärztliche Maßnahme zur Erhaltung und Überwachung der Gesundheit
pragmatisch	auf Tatsachen beruhend, praktisch, nützlich, sachkundig
Prophylaxe	Vorbeugung, Verhütung von Krankheiten
Rehabilitation	Gesamtheit der Maßnahmen zur gesundheitlichen Wiederherstellung
sensomotorisch	bezüglich der Bewegungsmuster und der Regulations- sowie Ausführungsmechanismen

steady state	Stoffwechselgleichgewicht, Gleichgewichtszustand in Atmung, Kreislauf, Stoffwechsel
Stereotyp, motorisches	Bezeichnung für einen weitgehend automatisierten Bewegungsablauf
sympathikomimetisch	Sympathikus ersetzend (Sympathikus erregend)
Sympathikotonie	erhöhte Erregung des gesamten Sympathikus
Symptom	Krankheitserscheinung, -zeichen
Therapie	Heilverfahren, Behandlung, dazu adj. = therapeutisch
vasolabil	gefäßempfindlich
vasoneurotisch	nervöse Störungen in der Gefäßregulation
Virilismus	Vermännlichung

Register

Adaptationsphänomen 4f.
Akkumulation 80
Aktionsschnelligkeit 73, 78f.
Akzeleration 148
Alkalireserve 75
Alles-oder-Nichts-Gesetz 6
Amphetamine 165, 166 bzw. 167
Anabolika 167, 168
Analysator, kinästhetischer 96
ANOCHIN, P. K. 102
Androgene 44, 169
Angstgegner 130
Anpassung, funktionelle 4ff.
Armrotatoren 25
Antagonismus 60, 76
Anthropometrie 152
Antidoping 169
ATP 75
Aufbautraining 126, 128, 129, 132
Aufwärmarbeit 49, 82, 87
Ausbildung,
– körperliche 3, 82, 127
– taktische 3, 119f., 128, 130
Ausdauer,
– aerobe 62, 138
– allgemeine 57
– anaerobe 61f., 138
– lokale 57
– spezielle 57
Ausdauer-Leistungsfähigkeit 152
Ausdauertraining 56ff., 69, 163
Automatismen 74, 100, 104
auxotonisch 39
Azidose 80

Basketball 120ff.
Belastungsdosierung 21, 141, 142
Belastungsmerkmale 46f., 50, 51, 52
Bewegungsabläufe,
– zyklische 46, 57, 73
– azyklische 46, 57
Bewegungsamplitude 85

Bewegungskoordination 60, 72
Bewegungsmangel 85, 161
Bewegungsreize 6
Bewegungstechniken 1, 109ff., 114, 115
Biopsie 152
Beta-Rezeptorenblocker 165, 172

CARPENTER-Effekt 108
Circuittraining 12f., 54
COOPER-Test 68f.
Corticosteroide 165
COUNSILMAN, J. E. 101

Dauerleistungsmethoden 64ff.
Degeneration 6
Dehnübungen,
– aktive 87, 90
– passive 87, 89
Depressoren 25f.
Deutscher Sportbund 151, 162, 166/7
Dianabol 168
Dilatation 7
DONIKE, M. 165
Doping 164ff.
Dopingdosierung 168
Dopingkontrolle 170
Dopingmittel 165, 167, 168f.
Dopingnachweis 169
Doppelperiodisierung 143
Dünnschichtchromatographie 170
Dynamogramm 75, 76

Eigenschaften, motorische 1, 36ff., 56ff., 72ff., 85ff., 95ff., 127
Einzelkampf 118
Element, turnerisches 105ff.
Elevatoren 27
endokrin 149
Energieversorgung des Muskels 39
Engramm 108
Erbmotorik 102

Ergograph 59
Erholung, aktive 51
Ermüdung 5, 59f., 79, 80, 170
Ernährung 43f.
Erwerbsmotorik 102
Erziehung 4, 127, 129
extensiv 51

Fähigkeiten, physische 3
Fahrradergometer 152
Fahrtspiel 65
Faktoren,
– endogene 148f.
– exogene 148f.
– leistungsbestimmende 73ff., 127
– neuronale 73f.
Fehleranalyse 111 (bzw. 113)
Feinform 107f.
Feinkoordination 103, 155
Fertilität 169
FETZ, F. 72, 85
Fitness 13
Fitness-Test 13, 18ff., 23f.
Form, sportliche 23, 132f.
Frauensport 44ff., 153ff.
Freizeitsport 161
Fundamentalelemente 106
Funktionszustand eines Organs 6f.

Ganzheitsmethode 107
Gelenkigkeit,
– aktive 86
– allgemeine 85
– passive 86
– spezielle 86
Gelenkigkeitskontrolle 92f.
Gelenkigkeitstraining 88f.
Genotyp 102
Geräteturnen 41, 100, 105f., 109, 114, 115, 131
Gesetzmäßigkeiten,
– biologische 4ff., 44f., 86, 102, 133
Gewandtheit,
– allgemeine 95
– spezielle 95
Gewandtheitstraining 96

Gewichtsklassen 40f.
Grobform 107, 112 (bzw. 114)
Grobkoordination 103
Grundeigenschaften,
– motorische 36ff., 56ff., 72ff., 85ff., 127
Grundlagen sportl. Trainings 3ff.
Grundlagentraining 126, 127, 132

HARRE, D. 40, 41, 45, 57, 59, 64, 67, 82, 118, 131
Hauptformen des sportl. Trainings 2
Hauptverfahren, taktische 120f.
Hemmungsprozesse 80, 103
Herzminutenvolumen 60, 157
HETTINGER, TH. 42, 44
Hochleistungssport 148
Höchstleistung, sportliche 148ff.
HOLLMANN, W. 57, 65
Hypertrophie 4f.
Hypervitaminose 43
Hypokinetosen 161

Indexwert 93
Inkongruenz 148
Interferenz von motorischen Fertigkeiten 105
Intervallmethode,
– intensive 46, 52, 64, 66f., 67
Intervalltraining 66f.
Irradiation 103
isometrisch 39
isotonisch 39, 50

Jahresplan 133, 134ff.
JASTREMSKI-Stil 101
Jugend trainiert für Olympia 150

Kampfformen, taktische 118
KEIDEL, W.D. 61
KNEBEL, K.P. 63
Kondition 11ff.
Konditionsgymnastik 34
Konditionstraining,
– allgemeines 11, 14
– spezielles 12, 24ff.

Konditionsübungen 14 ff., 79
Konstitution 151
Koordination 60, 74
Kraft,
- absolute 40
- äußere 40
- innere 40
- maximale 40, 45
- mechanische 37 f.
- relative 41 f.
Kraftausdauer 46, 58
Krafttraining,
- allgemeines 36, 53 f.
- spezielles 44 f.
- der Frau 45
Kraftübungen 50, 54
Kraftzunahme 42 f.
KRAUT, W. 43
Kreistraining 12 f., 47
Kurzzeitausdauer 57, 69

Langzeitausdauer 58, 69
Langzeitgedächtnis 104
Latenzzeit 72, 127
Latissimusapparat 25, 31 f.
Laufanalyse 63 f.
Leichtathletik 1, 51, 57, 58, 63, 66, 67 f., 79, 80 f., 101, 128 ff., 132, 152, 153
Leistungsbarriere 128
Leistungsfähigkeit,
- allgemeine 129, 150, 152
- motorische 1, 4, 8
Leistungspuls-Index 152
Leistungsreserven 4, 9, 167
Leistungssteigerung 1, 4, 8
Leistungstraining 126, 131, 132
Leistungszuwachs,
- absoluter 155
- relativer 155
Leistungszwang 150
Lernprozeß, sensomotorischer 102 f., 107 ff.
Lernstufen 107 ff.
leptosom 151

Lösungsprogramme, taktische 121 f., 124

Mannschaftskampf 118
MATWEJEW, L. P. 85, 132, 133
Maximalkraft 40, 44 f., 50
Maximalkrafttraining 51
Medaillenschmiede 149
Mehrfachperiodisierung 143
MEINEL, K. 85, 102, 104
MELLEROWICZ, H. 155, 156, 157, 163
Methode, kontinuierliche 64 f.
Methodik 106
Milchsäure 62, 75
Mittelzeitausdauer 57, 69
Mobilisationsschwelle 5
Multiple-choice-Test 10, 34, 55, 70, 116
Muskelarbeit,
- dynamische 40
- statische 40
Muskelelastizität 74 f., 87 f.
Muskelermüdung 5, 59 f., 80
Muskelgruppen 25 ff.
Muskelkater 8
Muskelkraft 41, 44, 50, 156
Muskelschäden 48 f.
Muskelspannung 4 f., 39 f., 42
Muskelstoffwechsel 43, 59, 75

Nervensystem 60, 73 f., 80, 87, 103 f.
Nerv-Muskelsystem 39 f., 45 f.
NÖCKER, J. 8, 154

Paradoping 169
Pause, lohnende 47, 66 f.
PAWLOW 65, 102
Periodisierung 1, 132 ff.
Phänotyp 102
Pharmaka 166
Phasen der sportlichen Form 133
Placebo 166 bzw. 167
Planvariable, taktische 121
Prävention 161, 171

Problematik
- im Gewandtheitstraining 98
- der Periodisierung 141 ff.
- der Persönlichkeitsveränderung 148
- im Schnelligkeitstraining 81 f.

PROKOP, L. 149
Prophylaxe 148, 171
Prozesse, biochemische 74 f.
Pulsfrequenz 21 ff., 35, 47, 137
Pyramidentraining 53

Reaktionsschnelligkeit 72, 77 f.
Reaktionsschulung, allg. 78
Reaktionstyp,
- motorischer 77
- sensorischer 77
Reaktionszeit 74
Reflex, bedingter 103
Reflexbewegungen 74
Rehabilitation 161, 163
Reizdauer 47
Reizdichte 47
Reizdosierung 4 ff., 144
Reizintensität 6
Reizstärke 46
Reizstufenregel 6
Reizumfang 47
Rollwende 109 ff.
RÖTHING, P. 59, 76, 85, 108, 118, 181
ROUX, W. 4, 87, 158

Sauerstoffschuld 60 ff.
Scheibenhanteltraining 28, 45, 48 f., 50 f., 54
SCHMOLINSKY, G. 65, 67
Schnelligkeitsdauer 58, 73, 80, 137 f.
Schnelligkeitsbarriere 81
Schnelligkeitstraining 72 ff.
Schnellkraft 46, 51, 75, 131
Schwerathletik 40 f.
Schwimmsport 24 ff., 101, 109 ff., 132, 154
SELIGER, V. 153
Sexualhormone 44, 168

Skilauf 52, 101
Sofortdepot 60
Sportherz 60
Sportspiele 96, 100, 120 ff.
Sprungkraftschulung 51
steady state 61, 65
Stehvermögen 58
Stereotyp 65, 76, 81, 103, 105, 130
Stil 102
Superkompensation 144

Taktik 118 ff.
Taktiktraining 118, 120 ff.
Talent 151
Talentförderung 151
Talentsuche 151 ff.
Technik, sportliche 76, 100 ff.
Techniktraining 105 ff.
Tempowechselmethode 65
Testkarte 22
Testosteron 169
Testverfahren 152
Therapie 171
Trainierbarkeit der Frau 154 ff.
Training,
- komplexes 7, 81
- mentales 108
- observatives 107, 124
- präventives 161
- spezielles 7, 171
- sportliches 1 ff.
Trainingsabschnitte 126 f., 131 f.
Trainingsbuch 142
Trainingseinheit 135, 144
Trainingsetappe 129, 134 ff., 137 ff.
Trainingsinhalte (siehe Übungsbeispiele)
Trainingsintensität 7, 137 f.
Trainingsjahr 134
Trainingskontrolle 137, 142, 163
Trainingsmittel 1
Trainingsperiode 133 f.
Trainingsprozeß 3, 126, 127, 154
Trainingsqualität 7 f.
Trainingsquantität 7 f.
Trainingsreiz, adäquater 42

Trainingsstufen 126
Trainingsumfang 135, 137f.
Trainingsvorbereitung,
- intellektuelle 3
- körperliche 3
- technisch/taktische 3
Trainingsziel 140
Traubenzucker 43
Trimm-Dich 64, 162
Trimmübungen 162
TSCHIENE, P. 54

Übergangsperiode 11, 133, 140f., 144
Überkompensation 140, 144
Übertraining 133, 170
Übungsbeispiele, praktische 14ff., 18ff., 28ff., 31, 50ff., 67f., 78ff., 96f., 135ff., 138, 140

Verletzungsgefahren im sportlichen Training 48f., 82, 87

Versehrtensport 164
Virilisierung 45, 169
Vitalkapazität 60, 157
Vitamine 43
Volleyball 97
Vorbereitungsperiode 133, 134ff.

Warmmachen 49, 82, 87
Wasserstoffionenkonzentration 75
Wettkampfformen 118f.
Wettkampfperiode 133, 138ff.
Weltrekorde 154
Willenskraft 4, 75
Wiederholungsmethode 46, 50
Wirkungsformen der Kraft 45ff., 48ff.

ZACIORSKIJ, V. M. 77, 78, 85, 95
Zirkeltraining 12f.
Zivilisationskrankheiten 161
Zweikampf 118